Herzliche Gratulation
zur vollendeten Promotion –
verbunden mit vielen
Grüßen aus der Historischen
Pädagogik in die
Sozialpädagogik!
Alles Gute!
  Ihr Berthold Ebert

Halle, 14.7.05

Abb.1: Doppelporträt Hans und Rosemarie Ahrbeck, 1962

Hans und Rosemarie Ahrbeck – den Lehrern vieler Lehrer

Beiträge des Ehrenkolloquiums
an der Martin-Luther-Universität Halle-Wittenberg
im April 2001

Mit zwei Originaltexten von Hans und Rosemarie Ahrbeck
und den Bibliographien ihrer Veröffentlichungen

Herausgegeben von Berthold Ebert
und den Franckeschen Stiftungen zu Halle

Verlag der Franckeschen Stiftungen zu Halle
2002

Die Deutsche Bibliothek – CIP-Einheitsaufnahme
Ein Titeldatensatz für diese Publikation ist bei
Der Deutschen Bibliothek erhältlich

ISBN 3-931479-32-3

© Franckesche Stiftungen zu Halle, Halle 2002
Das Werk einschließlich aller seiner Teile ist urheberrechtlich geschützt. Jede Verwertung außerhalb der engen Grenzen des Urheberrechtsgesetzes ist ohne Zustimmung des Verlages unzulässig und strafbar. Dies gilt insbesondere für Vervielfältigungen, Übersetzungen, Mikroverfilmungen und die Einspeicherung und Verarbeitung in elektronischen Systemen.
Printed in Germany.
Umschlaggestaltung: Lutz Grumbach
Redaktion und Satz: Bettina Citron
Druck: Union Druck GmbH, Halle

Gefördert im Rahmen einer Arbeitsbeschaffungsmaßnahme aus Mitteln des Arbeitsamtes.

Inhaltsverzeichnis

Berthold Ebert
Vorwort   7

Jan-Hendrik Olbertz
Rede zum Ehrenkolloquim für Hans und Rosemarie Ahrbeck   9

Sonja Häder
„Bürgersohn – am Anfang des Weges zu der Menschheit Höhen?"
Kindheit und Jugend Hans Ahrbecks (1890-1910)   14

Karl-Heinz Günther
Erinnerungen an Hans Ahrbeck   22

Gert Geißler
Hans Ahrbeck und die Schuldiskussion in der SBZ
und frühen DDR   29

Renate Reimann
Gedanken über meinen Briefwechsel mit Ahrbecks
zwischen 1968 und 1981   37

Berthold Ebert
Zu Leben und Werk Rosemarie Ahrbecks   44

Martin Kühnel
Rede zum 80. Geburtstag von Hans Ahrbeck: Multum dabis,
etiamsi nihil dederis praeter exemplum (Seneca)   55

Berthold Ebert
Jan Amos Comenius in der historisch-pädagogischen
Lehre Hans Ahrbecks   64

Hans Ahrbeck
Über die Erziehungs- und Unterrichtsreform
A. H. Franckes und ihre Grundlagen   85

Rosemarie Ahrbeck-Wothge
Über August Hermann Franckes „Lehrart"   106

Berthold Ebert
Bibliographie der Veröffentlichungen von Hans Ahrbeck   116

Berthold Ebert
Bibliographie der Veröffentlichungen von Rosemarie Ahrbeck   121

Abbildungs- und Textnachweis   127

Autorenverzeichnis   128

Vorwort

Das vorliegende Buch wird und soll Fragen aufwerfen. Es ist der Versuch, sich erzählend, reflektierend, analysierend Leben und Werk des Professoren-Ehepaares Hans und Rosemarie Ahrbeck, geb. Wothge zu nähern.
Mit ihrem Leben und Werk sind die Lehrerbildung und die Pädagogische Historiographie an der Martin-Luther-Universität Halle-Wittenberg seit der Gründung der Pädagogischen Fakultät 1946 bis zum Jahre 1981 eng verbunden. Vielen an der halleschen Universität ausgebildeten Lehrergenerationen eröffnete sich der Weg zur Pädagogik, zur Ethik ihres Berufes über die Begegnung mit Hans und Rosemarie Ahrbeck, über ihre Vorlesungen und Seminare zur Geschichte der Pädagogik.
Mit dem Wirken besonders Hans Ahrbecks als Dekan der Pädagogischen Fakultät von 1946 bis 1955 (mit einer Unterbrechung 1948/49) und als Prodekan der Philosophischen Fakultät bis 1957 werden die Erziehungswissenschaften in Halle zur gleichberechtigten Universitätswissenschaft, wird die theoretisch-pädagogische Ausbildung mit der praktisch-pädagogischen Tätigkeit in der universitären Lehrerausbildung verbunden.
„Das gesamte Studium müsse energisch unter dem leitenden Gesichtspunkt des Pädagogischen organisiert sein" – so Ahrbeck in einem Vortrag 1947.
Anlass des Buches ist die Veröffentlichung der „Annäherungs"-Versuche auf dem Ehrenkolloquium anlässlich des 20. Todestages des Ehepaares Ahrbeck im April 2001, veranstaltet vom Fachbereich Erziehungswissenschaften der Martin-Luther-Universität Halle-Wittenberg unter der Leitung des Herausgebers.
Der 20. Todestag als eher ungewöhnlicher Anlass dieses Kolloquiums bot die Chance, als Autoren und Zuhörer auch Zeitzeugen zu gewinnen: ehemalige Studierende, Promovenden, Habilitanden, Fachkollegen, Mitarbeiter.
Die Kolloquiumsbeiträge, die in ihrer Originalität für den Druck belassen wurden, erweitert um Martin Kühnels Laudatio zum 80. Geburtstag und meinen Versuch zu Comenius in der historisch-pädagogischen Lehre Hans Ahrbecks, geben in der Unterschiedlichkeit ihres Zuganges zu Leben und Werk Hans und Rosemarie Ahrbecks individuelle Sichtweisen wieder, die natürlich Fragen aufwerfen, die dazu anregen sollten, sich ihrer Biographie, ihrer erziehungshistorischen, lehrerbildnerischen und universitär-institutionellen Leistungen forschend zu widmen, auch um damit einen Beitrag zur Realgeschichte der Martin-Luther-Universität Halle-Wittenberg seit 1946 zu leisten.
Einen bemerkenswerten Anfang dazu hat Ernst Cloer (Universität Hildesheim) mit seinen Forschungen zu den Theoriekontroversen in der universitären Pädagogik in der Sowjetischen Besatzungszone und in der DDR sowie zum Zusammenhang von Lebens- und Wissenschaftsgeschichte am Beispiel

Hans Ahrbecks und Friedrich Winnefelds gemacht (Theoretische Pädagogik in der DDR. Eine Bilanzierung von außen. Weinheim 1998).
Mit der Bibliographie der Schriften von Hans und Rosemarie Ahrbeck und ihren beiden Aufsätzen zur Pädagogik A. H. Franckes ist dafür vielleicht ein weiterer Anstoß gegeben.
Zugleich wird mit den beiden Francke-Aufsätzen darauf hingewiesen, dass die Franckeschen Stiftungen seit 1946 institutioneller und auch ideeller Raum für das Wirken beider Ahrbecks waren. Darauf weist Hans Ahrbeck in seiner Festrede zur Eröffnung der Pädagogischen Fakultät 1947 hin:
„Die Pädagogen der Universität und der Franckeschen Stiftungen, unseres jetzigen Institutes, von A. H. Francke, A. H. Niemeyer bis O. Frick und M. Frischeisen-Köhler, um nur die zu erwähnen, zu denen wir bereits einen geschichtlichen Abstand haben, sie sind für uns beispielhaft in ihrem Menschentum und in ihrer Berufsgesinnung; ihrem Leistungswillen, ihrer Mannhaftigkeit und geistigen Selbständigkeit. In diesem Sinne sind sie uns Vorbild und Ansporn. Möge es den Mitgliedern der Pädagogischen Fakultät vergönnt sein, in Ehren vor diesen Männern zu bestehen."
Dankbar bin ich der Direktion der Franckeschen Stiftungen, dass sie die Herausgabe dieses Buches in der Reihe der Einzelveröffentlichungen des Verlages der Franckeschen Stiftungen ermöglicht und unterstützt hat. Besonderer Dank gilt Frau Citron als Lektorin und ihren Mitarbeitern für ihre tätige Hilfe und Nachsicht.

Halle, im September 2002   Berthold Ebert

Jan-Hendrik Olbertz

Rede zum Ehrenkolloquium für Hans und Rosemarie Ahrbeck

Wir gedenken mit dem heutigen Ehrenkolloquium zweier Hochschullehrer, die wie nur wenige andere das Antlitz der halleschen Erziehungswissenschaft nach dem Zweiten Weltkrieg bestimmt haben, und die – jedenfalls was Hans Ahrbeck betrifft – die universitäre Pädagogik in den Stiftungen mit begründeten.

Es geht also zugleich um die Geschichte unseres Fachbereiches, ebenso wie um die jüngere Geschichte seines Ortes, der Franckeschen Stiftungen. Diese Geschichte begann damit, das Elend und das Chaos der Nazidiktatur, des verlorenen Krieges, vor allem in den Köpfen der Kinder und Jugendlichen zu überwinden. Mit Neulehrerkursen, Vorsemestern für Kriegsheimkehrer und Arme-Leute-Kinder, der Entnazifizierung und Umerziehung, wurde versucht, zu den elementaren Grundsätzen zivilen Zusammenlebens zurückzufinden. Es ist klar, dass man dabei auf das setzte, was die Nationalsozialisten am meisten verachteten: auf Humanität und auf Bildung. Da waren Menschen wie Hans Ahrbeck gefragt, die sich auf ihre humanistische Bildung, ihre liberale Erziehung und ihren christlichen Glauben stützen konnten. Natürlich ging es auch – wer wollte das bestreiten – mit der neuen Siegermacht Sowjetunion an der Spitze um den Grundstein für die sozialistische Ordnung, wenn das auch in den ersten Nachkriegsjahren noch gar nicht die entscheidende Rolle spielte.

1946 wurde der damals schon 56-jährige Hans Ahrbeck, nachdem die Berufung von Peter Petersen aus Jena gescheitert war, erster Dekan der neu gegründeten Pädagogischen Fakultät. Zugleich ernannte man ihn zum Direktor der Franckeschen Stiftungen, die auf Grund einer Verordnung vom 20. September 1946 als „Franckesche Stiftungen, Pädagogisches Institut der Martin-Luther-Universität Halle-Wittenberg" zum Bestandteil der Universität erklärt worden waren,[1] und zwar auf der Grundlage einer entsprechenden Verfügung der Präsidialregierung vom 4. Dezember 1945.
Die Stadtverwaltung hatte andere Pläne. Sie wollte die Stiftungen unter städtische Trägerschaft stellen und zu einer Einheitsschule umbauen, die mit

---

[1] Vgl. dazu Jan-Hendrik Olbertz: Die Universität Halle und die Franckeschen Stiftungen nach 1945. In: Die Universität zu Halle und Franckens Stiftungen. Katalog zur Ausstellung vom 17.03.-17.05.1998. Hrsg. von Ralf-Torsten Speler. (= Kataloge des Universitätsmuseums der Zentralen Kustodie, Neue Folge, Nr. 4). Halle 1998, S. 129 ff.

einer „Antifa-Schule" verbunden werden sollte. Das Direktorium der Stiftungen stellte sich dieser Absicht entgegen und wollte „aufgrund (der) gesetzlichen Neuordnung des gesamten Schulwesens (...) eine *Einheitsschule der Franckeschen Stiftungen*" gründen. In Verbindung mit dem Vorschlag, „die stiftische Einheitsschule zu einem Versuchsfeld der Pädagogischen Fakultät auszugestalten"[2], schien eine Angliederung an die Universität eine allemal bessere Lösung. So legten die Franckeschen Stiftungen mit einer Eingabe an die Präsidialregierung Widerspruch gegen den städtischen Plan ein, sie forderten „Erhaltung der pädagogischen Tradition, Fortbestand als öffentlich rechtliche Körperschaft mit Selbstverwaltung und Bewahrung ihres gesamten Vermögens als wirtschaftliche Einheit".[3] Der Einspruch war erfolgreich, und so wurde ein besonderer Schulaufsichtskreis der Stiftungen gebildet, der im November 1946 durch sechs städtische Grundschulen erweitert (1950 zum Kummer der Fakultät allerdings wieder aufgelöst) wurde. Das alles geschah in der Hoffnung sowohl der Stiftungen als auch der Pädagogischen Fakultät, dass „der den Stiftungen nunmehr gegebene Name als Pädagogisches Institut der Universität", so der Verwaltungsdirektor Friedrich Delhaes, „die Universität zu vielen einschneidenden Maßnahmen (berechtigt), sie aber (auch verpflichtet), den Stifterwillen zu wahren ..."[4]

So konnten die Franckeschen Stiftungen inhaltlich in gewissem, wenn auch bescheidenem, Maße an ihre Traditionen als Schulstadt anknüpfen – und dass dies auch geschah, verdanken sie insbesondere akademischen Lehrern wie Hans Ahrbeck und vielen seiner Zeitgenossen und Kollegen. Dasselbe gilt später für seine zweite Ehefrau, die Professorin für Geschichte der Erziehung und Ärztin Rosemarie Ahrbeck-Wothge, bei der ich selbst viel gelernt habe (und die gelegentlich meinen Heuschnupfen behandelte). Am Rande: Solche Analogien oder Parallelen, wie hier zwischen Bildung und Medizin, sind für die Pädagogik nicht selten: Hans Ahrbecks innere Verbindung zur dritten neugegründeten Fakultät, neben der Pädagogischen Fakultät und der ABF, nämlich zur Landwirtschaftlichen, rührt aus einer ebenso verwandten Beziehung – hier zu den Gärten als Pflanzstätten des Geistes. Im Wort „Erziehung" steckt noch heute die antike Idee des „Aufziehens", des Hegens und Pflegens, und nicht ohne Grund sprach August Hermann Francke stets von der „Auferziehung" der Jugend. Ahrbeck selbst bekannte einmal, lange überlegt zu haben, ob er Gärtner oder Lehrer werden wollte...

Diese Fakultäts-Neugründungen nach dem Krieg waren gerade in ihrem Anfang ungeachtet aller politischen Zwecksetzungen konzeptionelle und

---

[2] Alexander Delhaes: Die Verwaltungs- und Finanzgeschichte der Franckeschen Stiftungen in den 32 Jahren von 1914 bis 1946. Halle (Saale) 1955, S. 165.
[3] Ebenda, S. 166.
[4] Ebenda, S. 187.

strukturelle Innovationen für die Entwicklung des Bildungssystems (insbesondere der Universität), die sie über Jahrzehnte prägten und deren Spuren, im Guten wie im eher Schwierigen, noch heute nachvollziehbar sind. Jedenfalls kann sich keines der heutigen Institute gut auf ein eigenes Profil verständigen und eine institutionelle Identität entwickeln, wenn es sich nicht auch seiner jüngeren Geschichte vergewissert, die untrennbar an die Nachkriegs- und die DDR-Zeit geknüpft ist.

Wenn wir also heute Hans und Rosemarie Ahrbecks anlässlich ihres 20. Todestages gedenken, dann tun wir dies nicht nur um ihretwillen, sondern auch um unseretwillen. Denn die Auseinandersetzung mit der *eigenen Geschichte* ist unverzichtbar für das Verständnis der Gegenwart. Was aber ist Geschichte, was verbirgt sich hinter dem Mysterium des Gewesenen, von dem es Zeugnisse, aber auch Zeugen gibt, während die Zeit selbst unwiderruflich verronnen ist? Drei Begriffe sind hier interessant. Der der *Historie* (als das, was uns als Geschehen überliefert ist), der *Historiographie* (das, was wir darüber aufschreiben bzw. aufgeschrieben vorfinden) und der spannendste, die *Historizität* (das Plastische der Geschichte, ihre nicht abschließbare innere Bewegung, gleichsam der Anlass, sie immer wieder aufs Neue zu befragen, das Fortleben ihrer selbst). Vor allem letzteres ist wichtig – ich erinnere mich an jenen ehemaligen Lehrer der ABF, der auf unser Anliegen, ihn zu befragen, um eine Geschichte der ABF zu schreiben, antwortete: „Warum machen Sie das denn – die Geschichte der ABF ist doch längst geschrieben", und dann auf ein Buch verwies, das dieses Thema zum Inhalt hatte. Dabei lässt sich Geschichte nie abschließend schreiben, sie muss immer wieder neu aufgegriffen, erklärt, gedeutet, befragt werden, weil sich aus den wechselnden Verhältnissen der Gegenwart fortwährend neue Fragen stellen, die man ohne den Blick zurück nicht beantworten kann. Deshalb ist der Hinweis Franz Hofmanns[5] auf den „heuristischen Wert" der Wissenschaftsgeschichte so wichtig, sie liefert Erkenntnisse weit über ihren eigenen thematischen Rahmen hinaus und stiftet überdies Identität.

Wer aber schreibt Geschichte? Zunächst einmal nicht die Historiker, sondern die Menschen auf der Bühne der jeweiligen Gegenwart. Erst im Anschluss daran treten Historiker hinzu und suchen, sammeln, sichten, gewichten, fragen und interpretieren, insbesondere, indem sie versuchen, Zusammenhänge aufzudecken. Der wichtigste Zusammenhang ist immer zeitgeschichtlicher Natur – ist Einordnung dokumentierter Befunde in den Kon-

---

[5] Vgl. Franz Hofmann: Zum Erkenntniswert einer Wissenschaftsgeschichte der Pädagogik. In: Ders. (Hg.): Erkenntniswert einer Wissenschaftsgeschichte der Pädagogik. Martin-Luther-Universität Halle-Wittenberg. Wissenschaftliche Beiträge 1980/13 (E 28). Halle (Saale) 1980.

text ihrer gerade vergangenen Gegenwart. Zeitgeschichte ist die Quelle der Authentizität von Geschichte überhaupt, sie ist mit ihren handelnden Personen im Mittelpunkt die Brücke zwischen Gegenwart und Vergangenheit, und diese Brücke will in beide Richtungen beschritten sein.

Deshalb ist es so wichtig, der Historiographie Erfahrungsberichte von Zeitzeugen anzuheften, Bezüge zu den Personen herzustellen, will man sich nicht allein auf leblose Akten und Archivalien verlassen. Nur eine Zeitlang, immer ein Menschenalter, ist das möglich, und eben diese Zeit darf für die Geschichtsschreibung nicht ungenutzt verstreichen. Wir Gegenwärtigen müssen uns bewusst machen, dass wir immer mit einem Bein in der Zeitgeschichte stehen, sie gleichsam „sind", und schnell straucheln würden, wenn das nicht so wäre.

Das gilt gerade dann, wenn gesellschaftliche Brüche zu bewältigen sind, wenn Biographien irritiert oder traumatisiert wurden, gerade wenn der Blick auf die Gegenwart den Blick in die Vergangenheit zu trüben droht. Geschichte darf nicht verklärt, aber auch nicht verstellt werden. Sie sollte nicht personifizieren, aber auch die Wirkkraft einzelner Menschen in ihrer Zeit, insbesondere wenn sie Verantwortung trugen und ihre Welt gestalteten, nicht unterschätzen. Sie kann uns zeigen, dass wir ohne unsere Väter und Mütter nicht wir selber wären.

Und für den Fachbereich Erziehungswissenschaften unserer Universität, so wie er heute ist, will ich hinzufügen: Niemand von uns steht außerhalb einer solchen Kontinuität, sei er im Westen oder im Osten Deutschlands aufgewachsen, sei er seit Jahrzehnten hier „vor Ort" oder erst vor wenigen Jahren eingetreten in diesen Kreis. Es ist unsere gemeinsame Geschichte, um die es hier geht, ohne sie sähe unsere Gegenwart anders aus. Eine Institution oder ein Projekt ohne Geschichte, ohne die Reflexion der Wurzeln, wird schnell an den eigenen Sinnfragen zerbrechen. „Geschichte ist nicht nur Geschehenes, sondern Geschichtetes - also der Boden, auf dem wir stehen und bauen", wie der Theologe Hans von Keler sagt.

Viele sind heute hier versammelt, die die Familie Ahrbeck noch kannten – sie können mehr erzählen als alle gedruckten Hinterlassenschaften je imstande sind, mitzuteilen und vor allem zu „übersetzen". In meinem Jahrgang bin ich einer der letzten, die beide noch kannten, sich an den greisen Hans Ahrbeck erinnern, wie er am Arm seiner Frau, mit ganz kleinen Schritten das Haus 22 betrat, um an einer Tagung oder Promotionsverteidigung teilzunehmen, und dann die Diskussion nicht nur mit hellwachem Blick verfolgte, sondern mit scharfem Verstand ins Geschehen eingriff. Ich werde nie den Anblick vergessen, wie diesem Geist allmählich der Körper den Dienst versagte. Wenige Wochen später folgte Rosemarie Ahrbeck ihrem geliebten und bewunderten Mann freiwillig in den Tod. Im Nachhinein war dieser tragische Gang der Dinge irgendwie folgerichtig – Freiheit und Unabhängigkeit bis zum Schluss. Doch bis heute bleibt ein Schuldgefühl, ob man nicht hätte die Dinge voraussehen können, mit Rosemarie Ahrbeck gerade in dieser Zeit hätte intensiver und aufmerksamer reden sollen. Vielleicht aber stand auch ihr Entschluss lange vorher unabänderlich fest.

Hans und Rosemarie Ahrbeck waren uns Vorbilder im klassischen Sinn – gelehrt im besten Sinne des Wortes, menschlich, unabhängig, in subversiver Weise solidarisch mit Menschen, die in Gefahr oder Bedrängnis waren, und damit selbst die glaubwürdigsten Beispiele für Bildung in Pflicht und Verantwortung.

Die Geschichte der Franckeschen Stiftungen in den letzten Jahrzehnten hängt untrennbar mit dem Wirken von Hans und Rosemarie Ahrbeck zusammen. Nicht erst nach der Wende von 1998/90 gab es hier einen Neubeginn; die Rettung der Franckeschen Stiftungen begann sogleich nach ihrer Auflösung 1946 als leiser, fast geheimer Prozess – in der Forschung und der Lehrerbildung, in der Bibliothek und im Archiv (denken wir nur an das emsige „Fräulein Mühl" und den unvergessenen Archivar Dr. Storz). Ich will mit diesem Hinweis nicht die großen Leistungen des Wiederaufbaus schmälern, die hier an diesem Ort mehr als vier Jahrzehnte später durch Menschen wie Paul Raabe vollbracht worden sind, sondern nur aufzeigen, dass es auch in diesem historischen Moment ein zeitnahes geistiges Fundament gab, an das man anknüpfen konnte.

Die Spuren des Wirkens von Hans und Rosemarie Ahrbeck sind über die Zeiten lebendig geblieben. Sicher den Zwängen ihrer Zeit ausgeliefert und hier und dort auch erlegen, haben sie doch einen konsequenten Weg beschritten, mit allen Kompromissen, die verantwortliche Menschen eingehen müssen, wollen sie nicht zu bloßen Beobachtern eines Geschehens werden, das sich zunehmend vom eigenen Wünschen und Streben entfernte.

Selbst wenn es alle diese Gründe nicht gäbe, sich im Gedenken an Hans und Rosemarie Ahrbeck zusammenzufinden, dann bliebe immer noch die persönliche Nähe, die Dankbarkeit der Schüler, die Erinnerung der Weggefährten. Indem wir dieses Andenken heute aufgreifen, erfragen wir erneut ihren Rat, schauen dabei in uns und reflektieren, was uns heute bewegt oder auferlegt ist. „Verstehen kann man das Leben nur rückwärts. Leben muss man es vorwärts", sagt der dänische Theologe u. Philosoph Sören Kierkegaard.

Ich danke Dir, lieber Berthold, sehr herzlich für die Initiative, dieses Ehrenkolloquium auszurichten und wünsche der Veranstaltung einen guten Verlauf.

Sonja Häder

Bürgersohn – „Am Anfang des Weges zu der Menschheit Höhen"[1]? – Kindheit und Jugend Hans Ahrbecks (1890-1910)

Wenn in einer deutschen Bürgerfamilie des ausgehenden 19. Jahrhunderts ein Sohn geboren wurde, so war dies bekanntlich ein besonderer Anlaß zur Freude. Mit Genugtuung und einiger Zuversicht konnten die Bürgereltern nun – anders als bei der Geburt einer Tochter – davon ausgehen, daß die soziale Kontinuität der Familie über die eigene Generation hinaus gesichert sein werde. Während die Wirtschaftsbürger wesentlich mit der Weitergabe von Eigentum den standesgemäßen Anschluß ihrer Kinder sicherstellen konnten, mußten die Bildungsbürger mit Hilfe ihres kulturellen Kapitals dafür Sorge tragen, daß die Söhne gleichermaßen wie die Väter in den Besitz der notwendigen Bildungspatente kommen. Denn diese Patente entschieden über die soziale Lebenslage und die individuellen Lebenschancen, waren sie nicht zu erlangen, drohte der soziale Abstieg. Diese Hypothek war mehr oder weniger allen Söhnen des Bildungsbürgertums mit in die Wiege gelegt. Im Gegenzug boten ihnen ihre Familien Aufmerksamkeit und Zuwendung, für viele Jahre einen verläßlichen Schonraum und nicht zuletzt die finanzielle Absicherung langjähriger Ausbildung.

Nicht viel anders verhielt es sich in den Familien Ahrbeck und Esch – zwei Familien des deutschen Bürgertums, zu denen über das gesamte 19. Jahrhundert Ärzte, Lehrer, Pfarrer, Beamte und Kaufleute gehört hatten. Eine verwandtschaftliche Verbindung zwischen den beiden angesehenen Familien ergab sich 1887 mit der Heirat von Adolf Ahrbeck, städtischer Apotheker in Linden bei Hannover, und Clara verw. von der Ahe, einer geborenen Esch. Adolf Ahrbeck, Jahrgang 1837, hatte mit dem Heiraten lange gewartet; für die 14 Jahre jüngere Clara war es bereits die zweite Ehe. Ihr erster Mann, ein Arzt, war an den Folgen einer Verletzung aus dem deutsch-französischen Krieg gestorben. Clara galt als eine schöne und stolze Frau, zugleich war sie gebildet und – was die Führung eines Hausstandes anbelangte – schon einigermaßen erfahren. Beste Voraussetzungen also, um ihrem Mann Adolf, der in Linden als Apotheker hohes Ansehen und Sozialprestige genoß, als Bürgerfrau zur Seite zu stehen.

Erst nach fast vierjähriger Ehe gebar Clara Ahrbeck am 19. Mai 1890 ein Kind. Es war ein Sohn, den die Eltern wenige Wochen später in der Martinskirche zu Linden auf den Namen Johannes Karl Edmund Alfred taufen ließen.

---

[1] Hans Ahrbeck: Autobiographische Skizzen von 1970/71; 1976, handschriftliches Manuskript. In: Bibliothek für Bildungsgeschichtliche Forschung des Deutschen Instituts für Internationale Pädagogische Forschung (DIPF/BBF), Archiv, Nr. 0.4.09., Nachlaß Hans und Rosemarie Ahrbeck, S.123.

Es bleibt an dieser Stelle zu überlegen, was es für die Erziehung von Hans, wie der Sohn genannt wurde, bedeutet haben mag, nicht nur als einziges, sondern als so spät geborenes Kind zur Welt gekommen zu sein. Immerhin stand sein Vater im 53. und seine Mutter im 40. Lebensjahr, allein der schweren Geburt wegen wird ein weiteres Kind wohl nicht in Betracht gezogen worden sein.

Insofern erhält der familienübergreifende bildungsbürgerliche Anspruch hier eine spezifische Färbung: elterliche Zuwendung, aber auch Erwartungen konzentrieren sich ganz auf dieses „einzige" und „späte" Kind.[2]

Hans Ahrbeck wuchs in den ersten Lebensjahren – darin ist seine Biographie der von anderen im Kaiserreich aufgewachsenen Bürgersöhnen ganz ähnlich – unbeschwert und behütet auf. Lebensmittelpunkt war das elterliche Wohnhaus, in dem auch die Apotheke mit ihren Materialkammern, das Laboratorium und das Büro des Vaters untergebracht waren. Der Junge nutzte das Haus für Streifzüge und Erkundungen, erforschte heimlich und mit kindlicher Neugier die mannigfachen Ingredienzien, die in den Kammern lagerten, blätterte auch in den Büchern des Vaters und hielt Kontakte zu den im Haus logierenden Angestellten der Apotheke.

Entwicklungspsychologisch ist eine solche direkte Konfrontation mit der Arbeitsstätte des Vaters in mehrfacher Hinsicht von Bedeutung. Nicht nur, daß der Vater, wenn auch nicht durchweg erreichbar, so doch in der Nähe war. Der Einblick in die väterliche Arbeitswelt erweiterte zudem Hans' sozialen Erfahrungsraum und ermöglichte ihm soziale Kontakte zu unterschiedlichen Menschen mit bisher unbekannten Rollen und Positionen.[3] Vor allem hat Hans von frühester Kindheit an die für das wilhelminische Kaiserreich typischen Grundmuster geschlechtsspezifischer Arbeitsteilung aus unmittelbarer Anschauung kennengelernt: die auf Bildung beruhende Berufstätigkeit verschaffte dem Vater nach außen hin soziale Geltung und im Inneren des Familienverbandes begründete sie seine patriarchalischen Vorrechte. Die Mutter trat dahinter zurück, gleichwohl scheint sie emotional – was nicht ungewöhnlich ist – für den Heranwachsenden die größere Rolle gespielt zu haben. „Überhaupt war Mutter bei echtem Kummer", wie Hans Ahrbeck Jahrzehnte später in seinen „Autobiographischen Skizzen" festhielt, „meine Zuflucht".[4] An dieser Einschätzung ist sicher nicht zu zweifeln, dennoch sollte sie über eine gewisse Distanz zwischen Mutter und Sohn nicht hinwegtäuschen. Ob es dem schwermütigen Charakter der Mutter oder – dem Zeitgeist entsprechend – bürgerlicher Selbstbeschränkung

---

[2] Ahrbeck: Autobiographische Skizzen, S. 22.
[3] Vgl. Regina Krome: „Alte Väter – Neue Väter?". Zur Bedeutung der Vaterrolle in bürgerlichen Familien des Zweiten Deutschen Kaiserreichs (1871-1918). In: Jahrbuch für historische Bildungsforschung Bd. 2. Weinheim/München 1995, S. 177f.
[4] Ahrbeck: Autobiographische Skizzen, S. 35.

geschuldet war, ist schwerlich abzuwägen, eine unbeschwerte und offene Herzlichkeit scheint die Mutter gegenüber ihrem Sohn jedenfalls nicht zugelassen zu haben. Ahrbeck muß dies empfunden haben, denn später sah er sich zu einer Rechtfertigung ihrer Zurückhaltung veranlaßt; in seinen autobiographischen Skizzen erläutert er:

> Aus der Erfahrung belehrt und von der Lektüre [eines Erziehungsratgebers, S.H.] angeregt, suchte sie den charakterlichen Schäden, die dem Einkind drohen, gewaltlos zu begegnen. Weder wurde ich sonderlich beachtet oder gar bewundert und nur in Ausnahmefällen mit deutlicher Zärtlichkeit bedacht.[5]

Meist war es Krankheit, die einen dieser Ausnahmefälle begründete. Nur an solchen „kranken Tagen" übernahm die Mutter die Pflege des Jungen, dann „liebevoll und zärtlich"[6], wie es heißt, ansonsten war das Hausmädchen für Hans' Betreuung zuständig. Aber selbst bei diesen seltenen Gelegenheiten mahnte die Mutter Disziplin und Selbstbeherrschung an. Um „Wehleidigkeit fernzuhalten" und Klagen zu unterdrücken, erhob sie ein immer wieder formuliertes Motto mit der Zeit zur Norm: „Du bist ein Held!", rief sie, worauf das Kind mit einem „Ich bin ein Held!" antwortete.[7] Dieser Leitspruch begleitete nicht nur Ahrbecks Kindheit, sondern hat als fest verankertes Muster von Selbstdisziplinierung und Anstrengung auch über diese Lebensphase hinaus Gültigkeit behalten.

Der Vater, im Gegensatz zur Mutter eine „Frohnatur"[8], verstand es, mit allerlei erfundenen Geschichten und anderem Schabernack für Spaß zu sorgen, selbst auf gelegentliche Raufereien ließ er sich mit seinem Sohn ein. Zugleich hatte Adolf Ahrbeck, der ja viele Jahre allein gelebt hatte, Züge eines, wie es sein Sohn in der Erinnerung formuliert, „Spitzwegschen Sonderlings"[9] mit allerlei Marotten. Auffällig ist hier, daß Adolf Ahrbeck, obwohl selbst handwerklich sehr begabt und sich in solchen Tätigkeiten auch immer wieder übend, geradezu abweisend auf ähnliche Talente und Interessen seines Sohnes reagierte. Hans Ahrbeck selbst vermutet hinter dieser Abwehrhaltung den Versuch, den einzigen Nachkommen ganz auf eine und zwar angemessene Freizeitbeschäftigung, nämlich das Violinspiel zu konzentrieren. Verständlich wird diese Haltung erst im Kontext der gesamten Familiengeschichte. Schon bei der Geburt hatte der Vater ausgerufen: „Ein Junge! Er soll geigen lernen!"[10] und damit der Erwartung Ausdruck verliehen, sein Sohn möge an ein Talent anknüpfen, daß in der Ahrbeckschen

---

[5] Ebenda S. 27.
[6] Ebenda S. 35.
[7] Ebenda S. 35.
[8] Ebenda S. 51.
[9] Ebenda S. 64.
[10] Ebenda S. 23.

Familie vertreten war. Der Plan des Vaters sollte in die Tat umgesetzt werden; als Hans das achte Lebensjahr erreicht hatte, wurde ein Orchestermusiker des Hannoveraner Hoftheaters als Lehrer engagiert, der fortan den Jungen im Violinspiel unterrichtete.

Abb. 1: Der junge Hans Ahrbeck mit Geige, um 1899.

Bereits nach wenigen Monaten wurde die halbe Geige gegen die größere, oder genauer gesagt: für den Lernenden zu große Dreiviertelgeige ausgetauscht. Hans wurden die täglichen Übungsstunden zur Qual, zumal der immer anwesende Vater den Übenden „wie ein Cerberus" streng beobachtete und in seiner Haltung ständig korrigierte. Hans suchte sich mit einem Trick den Anstrengungen zu entziehen:

> Da verfiel ich auf einen durchtriebenen Plan, über dessen Abgefeimtheit ich heute noch staune. Ich sägte nämlich mit einer kleinen Feile die E-Saite im Wirbelkasten ein wenig an. Beim Stimmen riss sie dann zuverlässig. Vater grübelte darüber nach, warum plötzlich so viele E-Saiten zersprangen. Schließlich kam er zu der Hypothese, die Oberleitung der neuerbauten elektrischen Straßenbahn, die an unserem Hause vorbeiführte, könne irgendwie mit diesem rätselhaften Vorgang zusammenhängen.[11]

Auf dieser Fotografie ist Hans Ahrbeck mit seiner Geige zu sehen. Das Bild ist nicht datiert, der Junge wird etwa neun Jahre alt gewesen sein. Freilich: es ist ein gestelltes Foto, zugleich ist es in seiner Konstruktion höchst aufschlußreich. Hintergrund und Staffage (wegen der Lichtverhältnisse wurde die Aufnahme im Hof des elterlichen Hauses gemacht) wirken als „Dekoration" des Musizierens einigermaßen deplaziert, fast ein wenig schäbig. Weder kann dieses Bild, das vermutlich vom Vater aufgenommen wurde, den bürgerlichen Status angemessen beglaubigen, noch irgendeine positive Beziehung des Jungen zu seinem Instrument bestätigen. Hans vermittelt keineswegs einen fröhlichen oder kindgemäßen Eindruck, im Gegenteil, er wirkt angespannt mit fast sorgenvollem Gesichtsausdruck. Ohne Frage stellt er sich einem von den Eltern gewünschten Foto, andererseits nimmt er die erwartete Pose ohne sichtbare Abwehr auf. Körperhaltung und Fußstellung deuten auf viel Disziplin hin, nicht eine Spur von Lässigkeit ist zu erkennen. Alles wirkt korrekt. Fast greifbar scheint das elterliche Legat, die hohe Erwartungshaltung auf dem Jungen zu liegen oder besser: zu lasten. Nach den Maximen bürgerlicher Erziehung schuldete der Sohn dem Vater Gehorsam; war das der Grund, warum der Musikschüler im geheimen obstruieren mußte? Oder durfte er ihn nicht enttäuschen?

Mit Blick auf die spätere autobiographische Rückschau bleibt am Ende auch zu fragen, warum Ahrbeck in der eigenen Sache so wenig Anwalt gewesen ist und in dem kindlichen Ausscherversuch nur den „durchtriebenen" und „abgefeimten Plan" sehen will. Mehr noch: selbst als Erwachsener habe er sich noch dieser „Meintat" geschämt und seinen Vater insgeheim um Verzeihung gebeten.[12]

Ohne Frage haben sich die väterlichen Anstrengungen insofern gelohnt, als es Hans Ahrbeck im Laufe der Jahre beim Violinspiel tatsächlich zu außer-

---

[11] Ebenda S. 63.
[12] Ebenda S. 63.

gewöhnlicher Meisterschaft gebracht hatte und er der Geige eine Vielzahl „beglückender Stunden" verdanken konnte, insofern mag Ahrbecks Sicht mit den Jahren milder geworden sein.[13] Mindestens von gleicher Bedeutung scheint es mir zu sein, daß Ahrbeck selbst im Abstand der Jahre die väterliche Autorität ebenso wenig in Frage stellen will, wie die bildungsbürgerliche Anspruchshaltung, zumal es sich um Leitbilder handelt, denen er sich selbst in hohem Maße verpflichtet fühlte. Ein solches Denken wiederum verweist uns wieder zurück auf seine Erziehung.

In die Schule, d.h. zunächst in die Vorschule, kam Hans Ahrbeck zu Michaelis 1896, vom Alter her ein Jahr zu früh, deshalb auch körperlich zurück und von einer gewissen geistigen Unreife. Die Zeit am Kaiserin-Auguste-Viktoria-Gymnasium in Hannover-Linden habe, im Unterschied zum Leben in der Familie, einen „Schatten" auf sein Dasein geworfen. Mit diesem Urteil ist sich Ahrbeck mit vielen deutschen Bürgersöhnen einig, die gleich ihm unter dem rauen Ton des wilhelminischen Gymnasiums zu leiden hatten.[14] Hans Ahrbeck ertrug Drill und Kasernenhofton nur schwer, fühlte sich durch die „unfrohe Gesamtstimmung"[15] bedrückt und fürchtete insbesondere die Prügelstrafe. Wegen einer Lappalie wurde auch er einmal, wie Ahrbeck es ausdrückt, „nach allen Regeln der Kunst [von einem Lehrer] verdroschen"[16]; aus Angst vor der Schule und den möglichen Folgen hielten es aber auch seine Eltern für geraten, selbst im Anblick des geschundenen Knaben, in der Sache besser keine Klage zu führen.

Die Schwierigkeiten des jungen Ahrbeck hielten an, er fühlte sich nach eigenen Worten „unglücklich" und habe sich „gegen die Schule totgestellt".[17] Zweimal mußte er während seiner Gymnasialzeit eine Klasse wiederholen.

Statt der Anschauung und Wirklichkeit widmete sich der Unterricht dem „Reich der Wörter"[18] und quälte die Schüler mit lateinischer, französischer und griechischer Grammatik. Der Apothekersohn verfolgte andere Bildungsinteressen; er wollte „Unkräuter", „Mineralien" und „Schmetterlinge" bestimmen oder etwas über China und die Arktis erfahren.[19] Der Kommentar Ahrbecks: „Mein Unbehagen wuchs und wuchs."[20] Aus der Schülerliteratur um die Jahrhundertwende sind ganz ähnliche Klagen bekannt.

---

[13] Ebenda S. 63.
[14] Vgl. u. a. Gunilla-Friederike Budde: Auf dem Weg ins Bürgerleben. Kindheit und Erziehung in deutschen und englischen Bürgerfamilien 1840-1914. Göttingen 1994, S. 205ff.
[15] Ahrbeck: Autobiographische Skizzen, S. 112.
[16] Ebenda S. 80.
[17] Ebenda. S. 104.
[18] Ebenda. S. 105.
[19] Ebenda S.106.
[20] Ebenda S.104.

Den Eltern des jungen Gymnasiasten blieb dieses Unbehagen natürlich nicht verborgen, und es muß sie wohl einige Überwindung gekostet haben, dem Sohn vorzuschlagen, statt des vorgesehenen Universitätsstudiums eine Gärtnerlehre aufzunehmen. Hans Ahrbeck lehnte ab, in seinen autobiographischen Erinnerungen erklärt er dies:

> Ich wollte nicht, nun nicht mehr. Warum eigentlich nicht? Wahrscheinlich weil uns immer wieder von allen Seiten eingeprägt wurde, dass ein Abiturient, in Sonderheit ein Gymnasialabiturient, am Anfang des Weges zu der Menschheit Höhe stehe und nach dem Universitätsstudium zu den führenden Schichten der Nation gehöre.[21]

Ahrbeck hatte das Standesbewußtsein der Bürger längst verinnerlicht, er war mit der sozialen Distinktion seines Standes erzogen worden und hatte eine Ahnung davon, daß in bildungsbürgerlichen Kreisen die ‚praktische' Berufslaufbahn gemeinhin denjenigen Kindern angeboten wurde, die größere intellektuelle Aspirationen vermissen ließen. Ahrbeck selbst spricht vom „Klassenhochmut"[22] seiner Kinder- und Jugendjahre, und führt dafür verschiedene Belege an. So schildert er zum Beispiel eindringlich, wie sehr er den – noch während seiner Schulzeit – aufgrund der Pensionierung des Vaters notwendig gewordenen Auszug aus dem (Apotheker)-Einfamilienhaus in Linden als eine „Deklassierung" wahrgenommen habe. Obwohl die Familie dann in schöner Gegend eine geräumige Etage in einem „villenartigen Haus" bewohnte, habe ihn niemals „das Gefühl sozialer Rangminderung"[23] verlassen.

Die bürgerliche Erziehung hatte aber auch in anderer Hinsicht Wirkung gezeigt: Der inzwischen gereifte Gymnasiast brachte am Ende doch noch die nötige Anpassungsbereitschaft an die Schule auf, auch wußte er nun verinnerlichte bürgerliche Tugenden wie Fleiß, Disziplin, Ausdauer und Selbstüberwindung für die Schule besser zu nutzen. Eine – wie Ahrbeck es selbst nennt – „innere Wandlung" vollzog sich und mit ihr wuchs stetig das „Interesse für Schöngeistiges".[24] Selbst der einst als Plage empfundene Unterricht im Griechischen öffnete unversehens das „Tor zur Welt des Geistes".[25]

Sein Oheim, der Magdeburger Gymnasialprofessor Edmund Sträter, hatte an dieser Entwicklung keinen geringen Anteil. Als „bedeutungsvoller Anderer" nahm er Ahrbeck in geistig-kulturelle Obhut. Durch die regelmäßigen Besuche bei Sträters bekam der Gymnasiast eine Vorstellung von der Lust

---

[21] Ebenda S.122f.
[22] Ahrbeck: Autobiographische Skizzen, S.31.
[23] Ebenda S.100, S.103.
[24] Ebenda S.141.
[25] Ebenda S.166.

des Forschens und Studierens, auch von einem offen geführten Haus mit vielen Besuchern und Gesprächen.

Im Frühjahr 1910 legte Hans Ahrbeck am Kaiserin-Auguste-Viktoria-Gymnasium in Hannover-Linden schließlich sein Abitur ab. In Deutsch, Latein und Geschichte bescheinigte ihm das Zeugnis sehr gute und gute Leistungen, in den mathematisch-naturwissenschaftlichen Fächern nur ein genügend.[26] Dem Vorschlag Sträters folgend, begann Ahrbeck im Oktober 1910 in Leipzig ein Studium der Fächer Deutsch, Geschichte, Philosophie, Musik- und Religionswissenschaften mit dem Ziel des Lehramts an höheren Schulen. Später führten ihn, unterbrochen durch den Ersten Weltkrieg, seine Studien noch an die Gießener und Göttinger Universität. Mit dem Studium beginnt in der Lebensgeschichte Hans Ahrbecks ein neuer Abschnitt, der einer eigenen Würdigung bedarf.

Mit Blick auf die nachfolgenden Beiträge, in denen allesamt der erwachsene Hans Ahrbeck im Zentrum stehen wird, sollte es hier darum gehen, einige soziale, familiale und individuelle Voraussetzungen dieser Wissenschaftlerexistenz herauszuarbeiten und diese als genuin bürgerliche vorzustellen. Kindheit und Jugend Ahrbecks sind ein Exempel dafür, wie Bildungsmitgift, materielle Ressourcen und Konnexionen eines bürgerlichen Elternhauses Hürden einer Bildungslaufbahn abzufedern und den Wirkungsgrad vorhandener Begabungen zu potenzieren vermögen.[27] Als Ahrbeck sich neben seinen vielfältigen Interessen und Fähigkeiten am Ende auch der „Schulplage" gewachsen zeigte, hatte er eine Vorstellung erlangt von der für das Studieren und Forschen notwendigen Beharrlichkeit, Selbstüberwindung und Gründlichkeit auch im Detail. Er wußte jetzt aber auch um den, wie er es kurz nach seiner Berufung an die Hallenser Universität gegenüber seinen ersten Nachkriegsstudenten 1947 ausdrückte, „Kraftstrom der Wissenschaft".[28]

---

[26] Vgl. Zeugnis von 1910. In: DIPF/BBF, Archiv, Nr. 0.4.09, Nachlaß Hans und Rosemarie Ahrbeck, Mappe 109/1.

[27] Ein anschauliches Beispiel skizziert bei Franz J. Bauer: Bürgerwege und Bürgerwelten. Familienbiographische Untersuchungen zum deutschen Bürgertum im 19. Jahrhundert. Göttingen 1991, S. 259.

[28] Hans Ahrbeck: Antrittsrede zur Eröffnung der Pädagogischen Fakultät an der Martin-Luther-Universität zu Halle am 1.2.1947, S. 4. In: DIPF/BBF, Archiv, Nr. 0.4.09., Nachlaß Hans und Rosemarie Ahrbeck, Universitätsreden (Umstellung im Zitat, S.H.).

Karl-Heinz Günther

Erinnerungen an Hans Ahrbeck[1]

Seit 1949 haben meine Frau und ich Hans Ahrbeck und Rosemarie Ahrbeck gekannt. Von 1951 bis 1955 war ich einer der Wissenschaftlichen Assistenten Hans Ahrbecks. Bis zu beider Tod verbanden uns enge freundschaftliche Beziehungen, in den 50er Jahren auch zu Hans Ahrbecks ersten Frau Elisabeth. Es bestand nicht nur ein ausgedehnter Briefwechsel, der nur fragmentarisch erhalten ist, es gab regelmäßige Begegnungen im Haus am Uhuweg und in der Breiten Straße in Berlin-Pankow. Ungeachtet dieser und jener Irritationen waren und blieben diese Beziehungen stabil und dauerhaft. Hans Ahrbeck sah sich seit dem politischen Skandal um den „Spiritus"-Kreis Gefährdungen ausgesetzt, Rosemarie existentieller Unsicherheit, die zweifellos mitentscheidend dafür war, dass sie – bereits Professorin für Geschichte der Pädagogik und Gymnasiallehrerin – Medizin studierte und sich damit auch einen Jugendtraum erfüllte. Gefährdungen und Unsicherheiten haben unsere Beziehungen nicht beeinträchtigt. Die Gespräche waren offen, gerade auch bei Unterschiedlichkeit der Meinungen und Ansichten. Es bestand Vertrauen, Verlässlichkeit und Redlichkeit, mit Rosemarie auch eine verständnisvolle und kritische, teils ausgemacht enge wissenschaftliche Zusammenarbeit jenseits institutioneller Offizialität.

Hans Ahrbeck gab mir die Möglichkeit, bei ihm zu promovieren, er war der wesentliche Gutachter für meine Habilitationsschrift, entscheidender aber noch war der gesamte behutsame akademische Stil, den er pflegte, war seine wissenschaftliche Denkweise, die mich zu einem seiner akademischen Schüler werden und bleiben ließ.

Eine Analyse des wissenschaftlichen Werkes von Hans Ahrbeck als Forscher, akademischer Lehrer und als Bildungspolitiker steht aus, auch eine Betrachtung der wissenschaftlichen Forschungsleistungen von Rosemarie Ahrbeck, die ein beträchtliches Werk hinterlassen hat, das nicht der Vergessenheit anheimfallen darf.

Zu einer solchen Analyse vermag ich nicht mehr beizutragen. Aber einiges erzählen kann ich über Hans Ahrbeck, Beiläufiges und Wichtigeres.

Aber vielleicht kann auch Beiläufiges für wichtig genommen werden, um sich der Persönlichkeit Ahrbecks anzunähern.

Genau erinnere ich mich, wie pingelig er bei der Arbeit an der Ausgabe der Großen Didaktik jedes Wort, jedes Komma wendete und prüfte bis er befand, nun sei es richtig, jetzt stimme der Satz. Oder, dass er es ablehnte, die

---

[1] Vgl. auch Karl-Heinz Günther: Rückblick: nach Tagebuchnotizen aus den Jahren 1938-1990. Berlin-Buchholz 1998; (demnächst neu beim Verlag Peter Lang. Frankfurt/M. u. a. 2002).

Karl-Friedrich-Wilhelm-Wander-Medaille für Verdienste um die antifaschistisch-demokratische Schulreform in Silber entgegenzunehmen, sie stünde ihm als dem Dekan der Pädagogischen Fakultät gleich den Dekanen der Fakultäten an anderen Universitäten in Gold zu. Er erhielt sie und legte sie weg, denn nicht um seinetwillen bestand er auf der goldenen Fassung, sondern wegen des Ansehens der Pädagogischen Fakultät, die von ihm aufgebaut, personell ausgestattet und wissenschaftlich geprägt worden war.
Um die Existenz der Fakultät sichern zu helfen, verlieh die Fakultät dem Volksbildungsminister Paul Wandel die Ehrendoktorwürde. Ahrbeck beauftragte mich, Wandel an der Pforte des Instituts für Musikerziehung zu empfangen und ihn in den Saal zu geleiten. Meinen guten Anzug solle ich anziehen.
Zu erinnern wäre an Abende im Dekanatssaal im Haus 22, zu denen er Mitarbeiter einlud. Er spielte Violine, sein Sohn begleitete ihn. Wir saßen gesammelt auf den mit rotem Leder bespannten hohen Stühlen, die späterhin bei seiner Hochzeit mit Rosemarie dienlich waren und noch heute erhalten sind.
Andere Erinnerungen entnehme ich aus meinem „Rückblick", einer Autobiographie nach Tagebuchaufzeichnungen aus den Jahren 1938 bis 1990.
Mit einer Delegierung vom Freien Deutschen Gewerkschaftsbund, meinem Entlassungsschein aus der sowjetischen Kriegsgefangenschaft und anderen Papieren fuhr ich 1949 an die Universität Halle-Wittenberg, um zur Fortsetzung des Medizinstudiums zugelassen zu werden und erfuhr sogleich, dass es nicht möglich sei. Möglich sei eine Zulassung zum Pädagogikstudium, bevorzugt Didaktik der Unterstufe, dazu ein wissenschaftliches Fach. Da ich keine Wahl und keine Zeit hatte, studierte ich an der Pädagogischen Fakultät.
Ihre Heimstatt waren die Franckeschen Stiftungen mit ihren spartanisch anmutenden Häuserzeilen, zwar in den Zeitläufen ziemlich verkommen, aber seit Franckes Jahren weitgehend erhalten. Dem Franckeplatz zugewandt das Hauptgebäude mit Vorlesungs- und Seminarräumen und der Bibliothek der Fakultät, an seiner Rückfront der lange, düstere baumbestandene Innenhof, kopfsteingepflastert, an seinem leicht ansteigenden Ende das Denkmal August Hermann Franckes, der zwar traurig, aber mit pädagogischer Gelassenheit und pastoraler Milde den Verfall seiner Bauwerke zu betrachten schien. Rechterhand die alte Bibliothek der Stiftungen mit ihren außergewöhnlichen Kostbarkeiten, zu denen auch comenianische Handschriften gehört hatten. Bis 1955 ging ich in den Stiftungen ein und aus. Seit 1952 hatte ich im Dekanat, dem Haus 22, ein schmales Arbeitszimmer, nahebei das von Rosemarie Wothge.
Vor allem Geschichte studierte ich mit Fleiß und Intensität, während mir die Vorlesungen und Übungen in den aufgesplitterten didaktischen Disziplinen, auch in Allgemeiner Pädagogik und Pädagogischer Psychologie unergiebig, langweilig und belanglos erschienen. Ein Vorlesungszyklus aber hat mich

von Anbeginn fasziniert: Geschichte der Pädagogik bei Hans Ahrbeck. Kein Kolleg habe ich versäumt, alle seine Vorlesungen – auch die späteren Spezialvorlesungen über historisch-pädagogische Zeitepochen – mit- und nachgeschrieben, keines seiner Spezialseminare ausgelassen, nicht jenes über Plato, nicht das über Augustinus, nicht sein damals despektierliches Seminar über Stalins Schrift zu Fragen der Sprachwissenschaft.

1949/50 war bei Ahrbecks Vorlesung das Auditorium Maximum stets randvoll. Treppen und die hohen Fensterbänke waren besetzt, nicht nur von Pädagogen, auch von Historikern und Medizinern, Theologen und Juristen. Der zarte, kleine Mann mit dem asketischen Gesicht legte mit beruhigender Geste seine goldene Uhr auf das Pult, das er mit Mühe überragte, stieg auf verborgener Trittleiter eine Stufe höher, blickte auf, durchmaß das Auditorium gesammelten Blickes und begann als ein versierter Pädagoge mit leiser Stimme, die Ruhe herstellte. Ahrbeck hatte zu dieser Zeit die 60 schon überschritten, war von Fach Germanist, Historiker, Philologe. In Göttingen und Leipzig hatte er studiert, sich im 1. Weltkrieg der Reserveoffizierslaufbahn verweigert, war Gymnasiallehrer in Magdeburg, Professor an der Pädagogischen Akademie Breslau, 1932 an der Pädagogischen Akademie Halle gewesen, dort zusammen mit Adolf Reichwein. Ab Ostern 1933 arbeitete Ahrbeck, der christliche Demokrat, der nie einer Partei angehörte, wieder als Studienrat in Magdeburg. Dort gehörten Hans Ahrbeck und seine Frau Elisabeth, geb. Sträter, eine engagierte Christin von hoher Intelligenz und entwaffnendem Freimut, zur Bekennenden Kirche, halfen Juden, unterstützten Pastoren der Bekennenden Kirche, unter anderem Martin Niemöller, wurden von der Gestapo bespitzelt. Hans Ahrbeck war Gründungsdekan der Pädagogischen Fakultät der Universität Halle-Wittenberg. Eigentlich wollte er Germanistik lesen, wandte sich dann der Pädagogik und ihrer Geschichte zu. 1949, als ich mit dem Studium begann, war er als Dekan (für freilich nur kurze Zeit) durch den Soziologen Max Gustav Lange abgelöst worden. Die Ablösung Ahrbecks als Dekan und die Einsetzung Langes hatte Hintergründe. In der Zentralverwaltung für Volksbildung hatten sich mit der Entwicklung zur Partei neuen Typus, der Fixierung auf das sowjetische Sozialismusmodell und der Absage an einen spezifisch deutschen Weg zum Sozialismus, wie ihn Anton Ackermann vorgebracht hatte, die Bemühungen verstärkt, Schulen und Hochschulen kräftiger zu politisieren und zu ideologisieren, sowjetischen Lösungen deutlicher Vorbildwirkung beizumessen. An den Universitäten war das nicht durchzusetzen, da – wie in Halle – der überwiegende Teil der Professorenschaft „bürgerlich" war. Auf Konferenzen der Zentralverwaltung hatten sich Wissenschaftler wie Theodor Litt und Hans Ahrbeck gegen eine Politisierung der Schule, gegen eine vereinfachte Idee einer Einheitsschule ausgesprochen, während Lange auf der anderen Seite stand. Lange, zugleich Chefredakteur der Zeitschrift Pädagogik, in der er, aus welchen Gründen auch immer, unter Pseudonym (z. B. Max Wurl) marxistische Artikel publizierte, verließ noch während des Herbst- und Wintersemesters 1949 Halle, wenige Monate später die gerade gegründete DDR.

Die Vorlesungen Ahrbecks waren aus mehreren Gründen aufregend und anregend. Ahrbeck hatte unter anderem bei Wilhelm Wundt und bei Karl Lamprecht studiert. Ähnlich wie Lamprecht bevorzugte er eine breite kulturhistorische Geschichtsbetrachtung, fern von nationalistischer Borniertheit, von vorschnellem Urteil. Das war nicht simple Reproduktion historischer Realvorgänge, das war verstehende Betrachtung menschlicher Kulturleistungen, in die die Pädagogik hineingeordnet war. Allgemeine Geschichte, Nationalgeschichte, allgemeine Länderkunde, Geschichte der Religionen, der Philosophie, Literatur, der bildenden Kunst und der Musik verschränkten sich zu Bildern von Epochen, aus denen dann das Pädagogische als Theorie und Erziehung als Praxis heraustraten und insofern als Zeiterscheinungen einsichtig wurden. Persönlichkeiten wurden von Ahrbeck immer in der Eigenart ihrer Individualität erfasst. Hier verschmelzen historische Bezogenheit eines Werkes und psychologisches Verstehen seines Schöpfers.

An Ahrbeck und seinen Schülern wurde bisweilen kritisiert, niemals aber abwertend, die stünden in der geisteswissenschaftlichen Tradition Diltheys und seiner Nachfahren. Das ist insofern unzutreffend, als sich Ahrbeck nicht als Dilthey-Schüler empfunden hat, weniger von der Philosophie, mehr von der Literatur, Kultur- und Religionsgeschichte, von der Philologie herkam. Zutreffend ist es nur insofern, als dass Ahrbeck durch eine komplexe kulturhistorische Betrachtung historische Erscheinungen „verstehend" lehren wollte. Ich habe eine solche Betrachtungsweise immer für „marxistischer" gehalten als flachen Ökonomismus, auf Grund dessen historische Erscheinungen wesentlich, oft ausschließlich auf ökonomische Ursachen zurückgeführt werden.

Ahrbeck hat sich nie als einen „Marxisten" bezeichnet, nie aber auch als zugehörig zu anderen Ismen. Er hatte nichts gegen den Marxismus. Er war ihm ein existentes Phänomen, eine Denkmöglichkeit neben anderen. Marxistische Ideen ins Leben zu versetzen, stand er skeptisch gegenüber, aber nicht ohne Bereitschaft anzuschauen, was daraus werden könnte, auch, ein solch gewagtes Gesellschaftsexperiment wohlwollend zu beobachten. Als Achtzig- und Neunzigjähriger neigte er weit mehr dazu, diesen Versuch, aus einer Utopie zur Wirklichkeit zu gehen, zu akzeptieren, dem Sozialismus die größere Chance für ein lebenswertes Humanum einzuräumen. Seine Skepsis gegenüber der Macht und ihrem Missbrauch aber blieb ebenso wie sein Misstrauen gegen die Omnipotenz einer Ideologie, gleich ob christlich oder marxistisch.

Auch in anderer Hinsicht waren Ahrbecks Vorlesungen für meine Generation und Nachkriegsabiturienten existentiell. Obwohl er nie direkt sagte, wie und wofür man leben müsse, woran man glauben könne, woran nicht, obwohl er nie „schulmeisterte", Definitives vorgab, waren alle seine Vorlesungen für viele eine offene Lebensorientierung, offen für selbständiges Denken und Entscheiden. Mit aller Zurückhaltung sagte er schon, was in der reichen Geschichte wert war, in Gegenwart und Zukunft transportiert zu werden: Humanität und Demokratie, Menschenwürde und Individualität, und was nicht: chauvinistischer Sinn und kriegerisches Wesen, Verachtung von Menschen aus politischen, rassischen, religiösen, ideologischen oder anderen Gründen. Seine Vorlesungen waren in ihrer strikten Wissenschaftlichkeit, ihrer außergewöhnlichen Sprachkultur, in der Auswahl des historischen Materials, in ihrem Reichtum an Tatsachen, in ihren behutsamen Wertungen genau das, wonach damals viele suchten: geistige Orientierung, Wegweisung aus der Vergangenheit in die Zukunft.

Ahrbeck kam aus humanistisch-christlicher Tradition. Er war nach Herkunft, Ausbildung, Selbstverständnis und Habitus ein Bildungsbürger, der vielleicht hoffte, mit der Arbeiterbewegung soziale Gerechtigkeit, Toleranz, demokratische Volksherrschaft und Frieden in der Welt auf den Weg bringen zu können. Denkansätze dafür suchte er bei Plato und Augustinus, bei Francke und Niemeyer, bei Comenius, Pestalozzi und auch bei Marx. Humanitären Utopismus, Hoffnung auf eine gerechte Welt hat er versucht weiterzugeben. Er hat seine Schüler nicht gehindert, am Sozialismus teilzunehmen, ihre Hoffnungen und Tätigkeiten vielmehr skeptisch distanziert und wohlwollend begleitet. Immer wieder hinterfragte er mit der Zähigkeit und Präzision des Philologen, was man sich unter Sozialismus vorstelle, ob die theoretischen Prämissen stimmig seien, wie sie sich zur Wirklichkeit des Lebens verhalten.

Hans Ahrbeck verhalf mir, Geschichte als Erkenntnisgrund zu empfinden. „Grund" im Sinne von Boden, von Erde, auf der man steht. In der Geschichte waren Fragen gestellt, Probleme aufgeworfen, gelöst worden oder ungelöst geblieben, die nun neu angegangen, im Interesse der Menschen zum guten Ergebnis gebracht werden sollten.

So wurde Geschichte für mich nicht zu einem Arsenal von Ärgernissen, Versäumnissen, Miseren, nicht zu einem Irrweg der Menschheit und der deutschen Nation, vielmehr zu einer spannenden, bunten Vielgestalt bewegender Ideen, von Leistungen und Fehlleistungen. Das Beste in die Lebenswirklichkeit zu holen, Utopien zu gelebtem Leben werden zu lassen, Hoffnung wiederzugewinnen nach diesem fürchterlichen Krieg, der uns die Jugend gestohlen hatte, schien mir Sinn von Geschichte und gebot politisches Engagement. Das danke ich Hans Ahrbeck.

Einige weitere Erinnerungen aus der Assistentenzeit:

Ahrbeck beauftragte mich, Materialsammlungen zu Themen herzustellen, die nach einem an sowjetischem Muster orientierten Vorlesungsplan zu behandeln waren, mit denen er sich jedoch nicht befasst hatte. Es handelte sich um Themen wie Erziehung in urgesellschaftlichen Zuständen, Erzie-

hungsauffassungen und -praktiken im utopischen Sozialismus und im Werk von Marx und Engels und um pädagogische Ansichten der russischen revolutionären Demokraten wie Herzen, Belinski, Dobroljubow und Tschernyschewski sowie in der russischen Literatur des 19. Jahrhunderts. Seine Arbeitsaufträge waren wohlüberlegt; es waren praktische Übungen in Techniken der wissenschaftlichen Arbeit, die übrigens erteilt wurden ohne Nachfrage, ob man der Sprachen kundig sei, in der die einschlägige Literatur zu erwarten war. Jedenfalls sollten wir üben, an einigen Stellen in die Tiefe zu gehen und aus einer Fülle von Material herauszufiltern, was wir für wesentlich hielten und das mit Zitaten zu belegen. Anleitung oder Hilfestellung gab es nicht, nur den Auftrag. Natürlich war man erfreut, wenn Ahrbeck später bemerkte, es sei ganz brauchbar, was man geliefert habe. Ob es wirklich brauchbar war, konnten wir erst bemerken, wenn er in seinen Vorlesungen auf das jeweilige Thema kam. Das aber klang dann meist ganz anders, als in der mühevoll hergestellten Materialsammlung vorgeschlagen. In Ahrbecks Nachlaß habe ich meine Materialsammlungen wiedergefunden, ein Stapel verstaubten Papiers auf dem Boden. Als ich nach Jahrzehnten die vergilbten Papiere durchblätterte, fand ich, dass er sie kaum benutzt hatte, ausgenommen einige Zitate aus den durchgesehenen Originalschriften. Er pflegte bei der durchaus strengen akademischen Erziehung die indirekte Methode, er hielt uns, aber an langer Leine.
Freilich mangelte es auch nicht an Deutlichkeit. Ahrbeck veranstaltete – unklar, ob freiwillig oder bedrängt – ein Spezialseminar über die Stalin zugeschriebene Schrift „Probleme der Sprachwissenschaft". Diese Schrift löste in den 50er Jahren eine weitläufige und nachhaltige Debatte in den Gesellschaftswissenschaften der DDR aus. Stalins Aussagen wurden hin- und hergewendet, katechesiert bis zum Überdruß, um auszuwerten, was an Tiefsinnigem in ihnen steckte und welche Folgerungen sich für das Verhältnis von Erziehung und Gesellschaft herleiten ließen, das war der Spezialaspekt in den pädagogischen Wissenschaften. In Ahrbecks Seminar wurde auch katechesiert, jeder Satz geprüft und mit vorgängiger Erkenntnis über Sprachtheorie verglichen. Er bewegte sich auf seinem Terrain, denn Sprachwissenschaft, Literaturgeschichte und Methodik des Unterrichts in deutscher Sprache waren seine Lehrgegenstände an den Pädagogischen Akademien in Breslau und Halle. So verglich er mit philologischer Präzision die Sprachtheorien Herders und Humboldts mit den Darstellungen bei Stalin. Schließlich bemerkte er trocken: „Wenn es sich, wie gesagt wird, um eine wissenschaftliche Arbeit von Herrn Stalin handelt, muß man sie auch wissenschaftlich diskutieren."
Es war fast dreißig Jahre später, als wir im Juni 1980 nach Halle fuhren um Hans Ahrbeck zu seinem 90. Geburtstag zu gratulieren. Hans war geistig rege wie eh und je, pfiffig, spritzig, geistreich, interessiert, es gab ironische Untertöne zu Politik und pädagogischen Zuständen. Täglich schrieb er Lebenserinnerungen mit Füllfeder per Hand nieder. Bei einem Glas Sekt sagte

er mir in seinem Arbeitszimmer – erster Stock der Villa am Uhuweg, rundum die handgearbeiteten schwarzen Regale mit seiner Bibliothek, mit den kostbaren Editionen zur Sprachgeschichte und Philosophie, zur Religions-, Kultur- und allgemeinen Geschichte und den Nachschlagewerken, Pädagogik war randständig: „Weißt du, nun hat es der liebe Gott oder wer auch zuständig ist, gefügt, dass ich die 90 erreicht habe. Ich habe es Rosi zu danken. Nun will ich denn die Hundert mit Zuversicht angehen."

Am 1. Oktober 1980 erhielt Hans Ahrbeck die Ehrenplakette der Akademie der Pädagogischen Wissenschaften der DDR, jenes kleine Kunstwerk aus braunem Böttcher-Porzellan, in Meißen gefertigt, mit den etwas vermurksten Bildnissen von Pestalozzi, Diesterweg, Krupskaja und Neubauer. Die Bildnisse sollten die historischen Traditionen nicht nur der Akademie, sondern der Pädagogik der DDR symbolisieren. Die Verleihung der Ehrenplakette an den 90jährigen hatte Vorspiele. Eine der in der DDR üblichen höheren Auszeichnungen war Hans Ahrbeck von den Parteiinstanzen der Universität Halle verweigert worden, auch von der für Kultur und Volksbildung zuständigen Sekretärin der Bezirksleitung Halle der SED. Er verblieb dort als „Bürgerlicher" im Zwielicht, nachdem sich Ulbricht in den fünfziger Jahren mit dem „Spiritus-Kreis" der Hallenser Universitätsprofessoren angelegt hatte. Aus vertraulichen Gesprächen weiß ich, dass sich Ahrbeck einer Auszeichnung nicht verweigert hätte, auch gehofft hatte, seine Universität werde ihn eines Ehrendoktorats für würdig befinden.

An der Akademie der Pädagogischen Wissenschaften der DDR waren mindestens zehn Professoren und wissenschaftliche Mitarbeiter tätig, die an der Pädagogischen Fakultät der Universität Halle-Wittenberg studiert und bei Ahrbeck gehört hatten, unter ihnen auch der Präsident der Akademie. Seit Jahren gab es Bemühungen in der APW, Hans Ahrbeck in einer den Gepflogenheiten der DDR gemäßen Weise auszuzeichnen. Sie blieben lange vergeblich, ehe der Präsident das befürwortende Votum der Ministerin erhielt. Aber selbst dieses Votum löste die Vorbehalte bei den Hallenser Parteiinstanzen nicht auf. Da nun aber diese Instanzen keinen Einfluß auf die Verleihung der Ehrenplakette der Akademie der Pädagogischen Wissenschaften der DDR ausüben konnten, das Meißner Stück zudem ohne nennenswertes öffentliches Interesse blieb, kam es zu der Verleihung in Anwesenheit der Ministerin und zu einem langen Gespräch zwischen ihr und Hans Ahrbeck, dem zuzuhören mir leider nicht möglich war. Obwohl es ein gut gemeinter und dennoch kläglicher Versuch war – Hans Ahrbeck hat sich über die Ehrenplakette wirklich gefreut. Es war beabsichtigt, Hans Ahrbeck das Ehrendoktorat der Akademie anzutragen.

Die Hundert mit Zuversicht angehen, hatte er gesagt. Es sollte anders kommen. Hans Ahrbeck verstarb am 1. April 1981.

Gert Geißler

Hans Ahrbeck und die Schuldiskussion in der SBZ und frühen DDR

Ahrbeck als Skeptiker gegenüber der pädagogischen Richtungszuweisung 1947

Als in seiner antifaschistischen Haltung unzweifelhafter Pädagoge, nach Kriegende zunächst Oberschulrat von Magdeburg, war Hans Ahrbeck von der Landesregierung der Provinz Sachsen mit Wirkung vom 1. April 1946 zum Professor für Erziehungswissenschaft berufen und mit der Wahrnehmung der Geschäfte des Dekans der Pädagogischen Fakultät an der Hallenser Universität beauftragt worden. Damit war er an exponierter Position mitten hineingestellt in die noch scheinbar offene Diskussion um die künftige Gestaltung des deutschen Schulwesens und die Schulreform in der Sowjetischen Besatzungszone.

Doch schon zu dieser Zeit, nur wenige Monate und Wochen nach Wiederaufnahme des Schul- und Universitätsbetriebs ging es den Schulverantwortlichen im Osten Deutschlands um eine klare, möglichst durch Öffentlichkeit autorisierte Richtungsentscheidung. Schon seit Anfang August 1946 drang die Sowjetische Militäradministration in Deutschland (SMAD) in diesem Sinne auf das Abhalten einer „klärenden pädagogischen Konferenz". An die Deutsche Verwaltung für Volksbildung (DVfV) in Berlin und am 19. Mai 1946 auch an die Volksbildungsminister der Länder trug sie die „Empfehlung" heran, wonach in den pädagogischen Fragen auf eine „einheitliche Ausrichtung"[1]. hinzuwirken sei. Die Volksbildungsabteilung der SMAD forderte, „eine pädagogische Plattform" zur „Aufklärung der Öffentlichkeit" zu entwerfen.[2] Entstehen sollte damit ein Dokument, mit dem die im Gesetz zur Demokratisierung der deutschen Schule vom Mai/Juni 1946 vorgegebene Richtung der Schulreform eine eingehende, Pädagogik und Lehrerschaft in der SBZ mobilisierende und bindende Begründung erhalten konnte.[3]

---

[1] Vgl. Karl-Heinz Günther/Gottfried Uhlig (Hrsg.): Zur Entwicklung des Volksbildungswesens in der Deutschen Demokratischen Republik in den Jahren 1949-1956. (Monumenta Paedagogica Band XIV). Berlin 1974, S. 51.
[2] Vgl. Bundesarchiv Berlin (BAB), DR 2/1032, Bl. 10, Marquardt an Wandel, Besprechung in Karlshorst am 14.6.1946 mit Prof. Mitropolskij; sonst anwesend Prof. Schabaloff, Prof. Tscherboff und Sothmann von der Z.V. für Volksbildung.
[3] Vgl. BAB, DR 2/1009, Bl.24, Besprechung mit Prof. Schabaloff, Gestaltung des neuen Manifestes für die Demokratisierung der Schule, auf dessen sofortige Herstellung Karlshorst den größten Wert legt, 19.6.1946.

Unter dem Titel „Die neue Schule. Ein deutsches demokratisches Erziehungsprogramm" lag der in der Berliner Zentralverwaltung ausgearbeitete Entwurf eines solchen Dokuments Ende Januar 1947 in 200 Exemplaren vor. Er ging mit der Bitte um Stellungnahme den Volksbildungsministern der Länder und neben weiteren Adressen auch den Universitäten zu. Den Entwurf beherrschten schulpolitische Argumentationen und die kritische Auseinandersetzung mit bisheriger Erziehung und Schule in Deutschland, während erziehungswissenschaftliche Begründungen randständig blieben. Insbesondere ältere, aber auch neu berufene Hochschullehrer drangen in ihren Stellungnahmen darauf, ein gegenüber dem Entwurf positiveres Verhältnis zur Geschichte und zu vormaligen pädagogischen Reformbestrebungen auszusprechen.

Zu jenen, die sich in dieser Hinsicht äußerten, gehörte auch Hans Ahrbeck. In einer gemeinsamen Stellungnahme riet er mit Albert Reble[4] und Hans Herbert Becker[5] dazu, im Entwurf vorhandene pauschale Urteile eingedenk

---

[4] Albert Reble (20. 8. 1910 - 29. 9. 2000), geb. in Magdeburg, 1935 Promotion, 1946 a.o. Professor an der Martin-Luther-Universität Halle-Wittenberg, 1954 Professor an der Pädagogischen Akademie Bielefeld. „Dr. phil. Albert Reble wurde zuerst bekannt durch eine Arbeit über Schleiermacher, die von der Erfurter Akademie der Wissenschaften preisgekrönt wurde. Daneben veröffentlichte er Arbeiten aus dem Kreis der Romantiker und wandte sich mehr und mehr der Geschichte der Erziehung und Pädagogik zu. Er gilt als einer unserer hoffnungsvollsten Vertreter unter den jüngeren Gelehrten der Erziehungswissenschaft. Er ist niemals Mitglied der NSDAP gewesen" (BAB, DR 2/179, Bl. 156, Pädagogische Fakultät der Martin-Luther-Universität Halle-Wittenberg, Der Dekan, 7.4.1946).

[5] Hans Herbert Becker (*1. 4. 1914), geb. in Limbach/Sa in der Familie eines Fabrikarbeiters, 1920 Volksschule, 1924 Mittelschule, Mitglied kommunistischer Kinder- und Jugendgruppen, 1928-1933 Freistelle an der Deutschen Oberschule in Waldenburg/Sa., Abitur, Werkstudent, zugleich Erwerbsarbeit als Appreturarbeiter, Bauarbeiter, 1936 Staatsprüfung für das Lehramt an Volksschulen, 1. März 1937 Volksschullehrer, November 1937 Einberufung zur Wehrmacht, im Heimatgebiet stationiert, 1942 Promotion an der Universität Leipzig »Manneszucht und Persönlichkeit. Eine Grundfrage der Wehrmachtserziehung«, danach Kriegsteilnehmer, Mai/Juli 1945 engl. Kriegsgefangenschaft, Oktober 1945 Lehrer in Uhlstädt/Sa., November 1945 bis März 1946 wissenschaftlicher Assistent in der Pädagogischen Fakultät der Friedrich-Schiller-Universität Jena, April bis Dezember 1946 Leiter des Vorsemesters an der Martin-Luther-Universität Halle-Wittenberg, August 1946 Mitglied der SED, 1. Januar 1947 a.o. Professor an der Pädagogischen Fakultät und Direktor des Instituts für Praktische Pädagogik, SS 1947 bis WS 1948/49 Prodekan, 1954 Habilitation mit einer Arbeit zur Frage der Grundbegriffe in der Pädagogik, 1955 Professor mit Lehrstuhl und Direktor des Instituts für Praktische Pädagogik, 1958 der „revisionistischen Plattformbildung" bezichtigt, April 1958 Wechsel nach Westdeutschland (MLUA, Rep. PA, 4253). „[…] Begabung, wissenschaftliche Durchbildung und Fleiß sind Bürgen für eine erfolgreiche Dozententätigkeit. Er ist niemals Mitglied der NSDAP gewesen" (BAB, DR 2/179, Bl. 156, Pädagogische Fakultät der Martin-Luther-Universität

der im Entwurf selbst enthaltenen Forderung nach wissenschaftlicher Stichhaltigkeit des Bildungsgutes „auf ihre wissenschaftliche Zuverlässigkeit hin sorgfältig zu überprüfen". Zudem müsse eine „Verquickung von allgemeinen Gedanken über deutsche Erziehung mit parteipolitischen Gesichtspunkten" vermieden werden. Der Entwurf müsse zudem, erklärten die Hallenser Pädagogen mit Blick auf die nationale Situation, zu einem „Programm der Einigung" werden und so abgefaßt sein, daß er „als Diskussionsgrundlage für alle antifaschistischen deutschen Pädagogen gelten kann". Einig waren sich die drei Hochschullehrer, von denen später schließlich nur einer, nämlich Ahrbeck, die DDR nicht verlassen sollte, auch in der Forderung nach gründlicher erziehungswissenschaftlicher Fundierung der Schulreform.[6]
Dieses Thema nahmen die drei Hallenser Kollegen im Mai 1947 in Berlin auch auf der von der DVfV zur abschließenden Erörterung der »Grundsätze« einberufenen repräsentativen Pädagogische Konferenz wieder auf. Der Erziehungswissenschaft nämlich drohte aus der Sicht einiger der versammelten Pädagogen die Subordination unter die Soziologie. Ahrbeck erklärte, für die Erziehungswissenschaft sei „die Basis der Soziologie als solche zu schmal". Erforderlich sei eine „breit angelegte Anthropologie", zu der neben der Soziologie auch die Sprachwissenschaft, die Biologie, die Medizin und die Pädagogik beizutragen hätten.[7] Angesprochen war damit nicht zuletzt auch der Hallenser Kollege Max Gustav Lange[8], der vom Mit-

---

Halle-Wittenberg, Der Dekan, 7.4.1946); Dietrich Benner/Horst Sladek: Vergessene Theoriekontroversen in der Pädagogik der SBZ und DDR. Monographie und Quellenteil. Weinheim 1998, Interview mit H. H. Becker, 1995, S. 327.

[6] Vgl. Deutsches Institut für Internationale Pädagogische Forschung/Bibliothek für Bildungsgeschichtliche Forschung (DIPF/BBF), Archiv: Sothmann 3, Stellungnahme Ahrbeck, Reble, Becker, 11.3.1947; zit. nach Gert Geißler/Ulrich Wiegmann: Schule und Erziehung in der DDR. Studien und Dokumente. Neuwied/Kriftel/ Berlin 1995, S. 238ff.

[7] Vgl. DIPF/BBF, Archiv: Sothmann 2, Pädagogen-Tagung, S. 375. Siehe ebenda, S. 121.

[8] Max Gustav Lange (10. 9. 1899-1963), geb. in der Familie eines Bäckermeisters in Güstebiese, Königsberg i.d. Neumark, Besuch des Lehrerseminars in Cammin/Pom. (unterbrochen durch Kriegsdienst Juli 1917 bis Januar 1919), 1920 Mittelschullehrer, 1921 Mitglied der USPD, dann der SPD, 1921-1927 Studium (Geschichte, Pädagogik, Nationalökonomie, Soziologie, Philosophie) in Berlin, danach wissenschaftlich vorwiegend wissenssoziologisch interessiert, Mitverfasser entsprechender Artikel für den „Brockhaus", freier Schriftsteller für sozialistische Blätter, Mitbegründer der linkssozialdemokratischen Zeitschrift „Der Klassenkampf", Dozent an verschiedenen Schulen der SPD und der Gewerkschaften, seit 1927 Lehrer an verschiedenen Schulen Neuköllns, davon fünf Jahre an der von Adolf Jensen geleiteten Rütli-Schule in Neukölln, 1932 II. Vorsitzender der politisch linksgerichteten Allgemeinen Freien Lehrergewerkschaft Deutschlands in Berlin-Neukölln, als Schulamtsbewerber 1933 nicht entlassen, Lehrer an der 35. Volksschule, Arbeit an einer Abhandlung über „Die Hegelsche Linke und den

glied der Schulkommission der SED im März 1947 gerade eben als Professor für Soziologie an die Universität berufen worden war. Lange selbst erklärte auf der Tagung, marxistische Gesellschaftslehre könne ein wertvolles Hilfsmittel für den Erzieher sein, „wenn sie richtig verwandt" werde, was wiederum auf den prominentesten Vertreter der anwesenden bürgerlichen Pädagogengruppierung, auf Theodor Litt zielte, der übliche Vereinfachungen dieser Gesellschaftslehre zum Anlaß grundsätzlicher Kritik genommen hatte.

Ahrbeck war mit seinen sachlichen, politisch abstinenten Einwendungen insbesondere bei der Volksbildungsverwaltung der SMAD unangenehm aufgefallen. Deren Leiter Mitropolskij konstatierte, „daß eine Gruppe von Professoren (Litt, Mieskes, Ahrbeck) die gefährliche Position einer 'autonomen Pädagogik' auf idealistischer bzw. existenzialphilosophischer Grundlage" vertrete. Die Militärverwaltung erachtete es für notwendig, „daß unter Führung von Prof. Lange eine Gruppe marxistischer Wissenschaftler (Philosophen, Biologen, Mathematiker, Physiker, Chemiker, Pädagogen) organisiert" werde, „die auf der Position des dialektischen und historischen Materialismus die theoretischen Grundlagen der Pädagogik legt und in Form wissenschaftlicher Diskussionen in den Zeitschriften den Kampf mit dieser idealistischen Professorengruppe aufnimmt".[9]

---

jungen Marx", Zugehörigkeit zu informellen Kreisen sozialistischer Intellektueller und Pädagogen, 1940 NSDAP (von ihm nach Kriegsende im Fragebogen unterschlagen, vgl. Sonja Häder: Sozialporträt der Pädagogischen Fakultät der Universität Halle-Wittenberg von ihrer Gründung 1946/47 bis zu ihrer Auflösung 1955. Strukturwandel vs. bürgerliche Kontinuität. In: Peter Hübner (Hrsg.): Beiträge zur Sozialgeschichte der DDR. Köln/Weimar/Wien 1999, S. 395), 1940-1943 Militärdienst, 1943 Leiter des KLV-Lagers Wiraz in Zakopane, 1944 bis zur Besetzung durch sowjetische Truppen im Juli 1944 Dozent an der Lehrerbildungsanstalt in Zakopane, mit Verlegung der Anstalt November 1944 an die Lehrerbildungsanstalt Neiße, Juni 1945 Ausbilder für Schulhelfer in Brandenburg, 21. 8. 1945 Oberschulrat in Brandenburg, KPD-Mitglied, Referent in der Bezirksparteischule der KPD, Februar 1946 Promotion bei Peter Petersen, März 1946 Redakteur der Zeitschrift „pädagogik", Mitglied der Schulkommission der SED, 3. 3. 1947 als a.o. Professor für Soziologie an die Universität Halle berufen, November 1947 o. Professor, Oktober 1947 Direktor des Soziologischen Instituts in der Staats- und Rechtswissenschaftlichen Fakultät, 20. 12. 1948 Dekan der Pädagogischen Fakultät, wegen der Bindung an Berlin nur teilweise Wahrnehmung der Amtsverpflichtungen, 1949 zudem Gastprofessor an der Landeshochschule Potsdam (MLUA, Rep. PA, 9851), im August 1950 von MfV und SED im „Hinblick auf die Entwicklung der Landeshochschule zu einer Pädagogischen Hochschule" als Rektor vorgesehen (BAB, DR 2/1371, Bl. 59), wenig später unvermittelte „Flucht", Ende 1950 neuer beruflicher Anlauf in Westberlin unter anderem am Sozialwissenschaftlichen Institut der Freien Universität.

[9] Vgl. DIPF/BBF, Archiv: Sothmann 2, Aktenvermerk, 20.5.1947.

Zu einem offenen „Kampf" mit den abweichenden Professoren war man dann doch nicht mehr in der vorgesehenen Weise genötigt. Litt als Exponent einer möglichen Opponentengruppe folgte wenig später dem Ruf an die Universität Bonn. Jene aus der schon älteren Generation, die blieben, hofften bei gleichzeitiger Distanz gegenüber restaurativen Entwicklungen im Westen ihres Vaterlandes wie Ahrbeck auf einen wie auch immer möglichen Erfolg des Neubeginns im Osten. Manche Erwartung wurde schon früh enttäuscht. So war auch der unter Leitung von Ahrbeck durchgeführte planmäßige Schulversuch in den Schulen der Franckeschen Stiftungen, der schon im Jahre 1948 endete, nur von kurzer Dauer.

Publizistisch trat Ahrbeck in jenen Jahren und auch später nur noch wenig in Erscheinung, und wenn, dann mit streng philologischen, der aktuellen Tagespolitik abholden Themen. In seiner Lehrtätigkeit erreichte er zugleich eine von allen, die ihn erlebten, gerühmte Faszination. Nur ganz wenige auf den Pädagogiklehrstühlen der DDR konnten wie er noch aus intimer Kenntnis deutscher Kultur- und Geistesgeschichte schöpfen und ein Wissen tradieren, das in seiner Qualität immer seltener wurde.

Ahrbeck 1954 als Gastgeber eines führenden Sowjetpädagogen

In den 50er Jahren waren es vor allem Entwicklungen in der Lehrerbildung, die Ahrbecks Stellungnahme herausforderten. Seit 1953 wurde diese Ausbildung zunehmend in neu eröffnete nichtuniversitäre Institute verlagert, die Idee einheitlicher universitärer Lehrerbildung endgültig aufgegeben und schließlich die Pädagogischen Fakultäten der Universitäten – bis auf die in Berlin – geschlossen. Damit sollte die Lehrerbildung stärker unter die Kontrolle des Ministeriums für Volksbildung gebracht, Lehrerinnen und Lehrer fortan in strukturell überschaubaren Einrichtungen von einer ideologisch vergleichsweise gefestigten Dozentenschaft ausgebildet und vom noch immer relativ offenen akademischen Lehrbetrieb, überhaupt von den vielfältigen Einflüssen der Universitäten getrennt werden. Eher vorgeschobene Argumente für die Eröffnung Pädagogischer Institute waren der Verweis auf dringenden Fachlehrerbedarf, auf die von den Pädagogischen Fakultäten nicht geleistete pädagogisch-methodische Ausbildung sowie auf günstigere Kostenrelationen. Auch die Pädagogische Fakultät der Hallenser Universität traf der Vorwurf unkoordinierter und für die Lehrerausbildung insgesamt unergiebiger Forschungs- und Publikationstätigkeit.

Insgesamt verschlechterte sich mit dieser schulpolitischen Wendung das Verhältnis der universitären Pädagogen zum Ministerium erheblich. Das ließe sich an vielen Beispielen deutlich machen, hier soll es episodisch genügen, Reaktionen der Pädagogischen Fakultäten, unter deren Vertretern der Dekan Ahrbeck, auf die Vortragsreise des maßgeblichen Sowjetpädagogen I.T. Ogorodnikow im November 1953 aufzuzeigen. Diese Reaktionen mögen gleichzeitig verdeutlichen, wie weit die „Sowjetisierung" der universitären Erziehungswissenschaft vorangeschritten war.

Die öffentlichen Vorträge des von der Gesellschaft für deutsch-sowjetische Freundschaft eingeladenen Sowjetpädagogen fanden ausnahmslos in den neuen Pädagogischen Instituten in Leipzig, Halle, Rostock und Güstrow statt; die Vertreter der Pädagogischen Fakultäten waren dorthin eingeladen worden.

In Leipzig zeigte sich, daß die Fakultät am Erscheinen verhindert war. Sie hatte es vorgezogen, Veranstaltungen der zeitgleich staatfindenden akademischen Tage beizuwohnen. Zur Vorlesung am Pädagogischen Institut Güstrow waren die Vertreter der Pädagogischen Fakultät Rostock zwar in der Stadt erschienen, aber es wollte ihnen aus einer Reihe sehr unglücklicher organisatorischer Umstände nicht gelingen, rechtzeitig den Veranstaltungsort aufzufinden. Zu der Veranstaltung in Halle, zu der etwa 500 Personen, vornehmlich Studenten erschienen waren, begrüßten mit Ahrbeck an der Spitze immerhin fünf Vertreter der Pädagogischen Fakultät den Sowjetpädagogen. Dem späteren ministeriellen Bericht zufolge traten die Hallenser Gelehrten dem hohen Gast gegenüber aber „sehr kühl" auf, so daß dieser „mangelnden Kontakt" zum Lehrkörper beanstandet habe. Wie auch an der Humboldt-Universität in Berlin wurden im Anschluß an Ogorodnikows Vortrag nur „simple Informationsfragen" gestellt, die man sich bei vorausgehender Lektüre der zahlreich in deutscher Sprache vorliegenden sowjetischen Publikationen leicht hätte selbst beantworten können. Allein an der neugegründeten Pädagogischen Hochschule Dresden war die Ogorodnikowsche Vorlesung eifrig vorbereitet worden. Sogar an eine Rundfunkübertragung war hier gedacht worden, aus unbekannt gebliebenen Gründen brach diese jedoch nach kurzer Zeit zusammen.[10]

Ahrbeck 1957/58 im Umkreis klassenfeindlicher Revisionisten

Um die Mitte der 50er Jahre bis zum Sommer 1957 hin kam es in der DDR zu einer intern immer heftiger und kontrovers geführten Diskussion um Erziehung, vor allem aber um die Struktur des Schulwesens. Wichtigstes Diskussionsgremium der Erziehungswissenschaftler war zu dieser Zeit der Wissenschaftliche Rat des Deutschen Pädagogischen Zentralinstituts (DPZI).[11] Hinsichtlich der im MfV erwogenen Strukturvarianten des Schulwesens der DDR bestand im Rat Übereinstimmung nur insoweit, als sich

---

[10] Vgl. BAB, DR 2/4378, Bericht über die Besuchs- und Vortragsreise des Herrn Prof. Ogorodnikow vom 26. 10. - 15. 11. 1953 in der Deutschen Demokratischen Republik aus Anlaß des Monats der deutsch-sowjetischen Freundschaft vom 26. 10. - 7. 12. 1953.

[11] Dem seit 31. 10./1. 11. 1956 bestehenden Rat gehörten Mitarbeiter des DPZI, Hochschullehrer, Vertreter des MfV und Schuldirektoren an.

niemand für die Beibehaltung der bestehenden Schulorganisation aussprach. Die Vorschläge reichten von der Abschaffung der allgemeinbildenden Oberschule und der Einführung einer Zehnklassenschule bis zur Verlängerung des Oberschulbesuchs von vier auf sechs Jahre.

Eine deutliche Mehrheit des Rates sprach sich im Sommer 1957 schließlich dafür aus, daß die Oberschule auf der zehnjährigen allgemeinbildenden Schule aufbauen und als allgemeinbildende Einrichtung nicht den Charakter einer Vorbereitungsanstalt ausschließlich für die Universitäten und Hochschulen erhalten sollte. Dabei wurde eine Differenzierung nach „Zügen" oder nach „Kern- und Kursunterricht" allgemein als erforderlich angesehen. Im Detail blieben die Auffassungen unterschiedlich. Während die einen hinsichtlich der Oberschule einen allgemeinbildenden Zusammenhang unter Berücksichtigung des Kern-Kurs-Systems zu wahren suchten, plädierten andere dafür, einer differenzierten allgemeinbildenden zehnjährigen Schule eine spezialisierende Oberschule oder statt dieser Vorstudienanstalten anzuschließen.

Eine von diesen Vorstellungen deutlich abweichende Position vertrat eine Minderheit des Rates, unter ihnen Ahrbeck, die sich dafür aussprach, „bereits nach dem 6. Schuljahr mit der Oberschule zu beginnen"[12] und der damit im Grunde die gesamte bisherige Struktur, die auf der achtklassigen Grundschule beruhte, in Frage stellte. Im weiteren Verlauf der Diskussion wurden den Vertretern dieser letzten Auffassung von einzelnen Ratsmitgliedern „opportunistische Tendenzen" vorgeworfen und damit die politische Disqualifikation dieses Standpunktes erstmals versucht. Abweichend von den Voten der Ratsmehrheit, aber übereinstimmend mit seinem Hallenser Kollegen Becker hielt Ahrbeck jedoch an seiner Auffassung fest, es solle die Oberschule künftig mit Klasse 7 von der künftig obligatorischen Zehnklassenschule abzweigen. Das Prinzip der Einheitsschule schließe, wie Becker gezeigt habe, eine „Differenzierung des Bildungsganges" nicht aus, vielmehr würden die gesellschaftlichen Bedürfnisse eine solche erfordern. Keinesfalls trügen entsprechende Vorschläge restaurativen Charakter, sondern sie entsprächen „unter sorgfältiger Berücksichtigung der gegenwärtigen wirtschaftlichen, gesellschaftlichen und politischen Situation den Prinzipien der demokratischen Schulreform".[13]

Es ist bekannt, daß die SED-Führung ihre Intentionen schließlich machtpolitisch durchsetzte. Erste Anzeichen für entsprechende Interventionen waren im Bildungswesen zunächst einige personelle Veränderungen an den Universitäten. Nach der auf das Ausscheiden bürgerlicher Professoren gerichte-

---

[12] Vgl. Hans-Georg Hofmann: Achte und neunte Sitzung des Wissenschaftlichen Rates. In: Pädagogik 12 (1957), S. 921ff.; DIPF/BIBF, Archiv: DPZI 1842, 8. und 9. Sitzung des wissenschaftlichen Rates des Deutschen Pädagogischen Zentralinstituts.

[13] DIPF/BBF, Archiv: DIPF 1866, Ahrbeck, Schreiben vom 14. 11. 1957.

ten „politischen Konzeption"[14] des Staatssekretariats für Hoch- und Fachschulwesen wurde auch der Dekan Ahrbeck zum 1. September 1957 emeritiert. Zugleich begann eine umfassende Kampagne gegen in dieser oder jener Frage eigenständige, opponierende SED-Mitglieder. Auf einer Großveranstaltung an der Universität Halle richtete im April 1958 schließlich auch Ulbricht Angriffe gegen Erziehungswissenschaftler, die „revisionistischer Tendenzen" bezichtigt wurden. Ahrbeck, der auf Ersuchen der Fakultät seine Geschäfte noch weiter wahrgenommen hatte, war seit März 1958 vom Staatssicherheitsdienst observiert[15] worden, und zwar als zugehörig zu dem aus zwölf Hallenser Professoren bestehenden, seit Jahresbeginn massiv politisch verdächtigten „Spiritus-Kreis". Sichtbarstes Opfer unter den Pädagogen wurde im Zuge einer großangelegten Kampagne und als „Revisionist" verurteilt, jedoch Becker, der noch im Mai 1957 vom zuständigen Ministerium als Nachfolger Ahrbecks vorgesehen worden war.[16] Ohne weiteres abzuwarten, verließ dieser die DDR, während es Ahrbeck blieb, später öffentlich eher halbherzig geehrt und nur noch einem kleinen Kreis enger Vertrauter und Schüler ein Begriff, seinen langen Lebensabend im Osten zu verbringen.

In hohem Maße traf die staatliche Machtpolitik Menschen, die sich gegenüber der DDR als einer angenommenen gesellschaftlichen Alternative zur Bundesrepublik der Adenauer-Ära stets loyal verhalten, und die dieser Alternative durch kritischen und selbstbewußt bewahrten Sachverstand zuzuarbeiten gedacht hatten.

---

[14] MLUA Halle, Rep. PA Nr. 261, Schreiben Lehmann betr. Ahrbeck, 2. 7. 1957.

[15] Vgl. Friedemann Stengel: Die Theologischen Fakultäten in der DDR als Problem der Kirchen- und Hochschulpolitik des SED-Staates bis zu ihrer Umwandlung in Sektionen 1970/71. Leipzig 1998, S. 266ff. In den Berichten des MfS erschien Ahrbeck als geübter Konspirator, da er bereits während der NS-Zeit Erfahrungen in der illegalen Arbeit gesammelt habe.

[16] Vom Staatssekretariat für Hoch- und Fachschulwesen wurde im Frühjahr 1957 die Emeritierung aller bürgerlichen Hochschullehrer vorgesehen, die die Altersgrenze erreicht oder bereits überschritten hatten. Vor allem sollte die Emeritierung dann erfolgen, wenn der SED angehörender habilitierter wissenschaftlicher Nachwuchs verfügbar war. Die Lehrveranstaltungen Ahrbecks zur Geschichte der Pädagogik sollten interimistisch von einer „bereits vorhandenen (bürgerlichen) Dozentin [Rosemarie Wothge, später Wothge-Ahrbeck – G.G.] übernommen werden", sie seien in der „Perspektive aber einem Genossen" zu übertragen. Vorgesehen war, die „Leitung des Instituts für Pädagogik einem Genossen (Prof. Dr. Becker) in die Hände zu geben" (BAB, DR 3/171, 1. Schicht, Staatssekretariat für Hochschulwesen, Professoren, die bis Ende des Studienjahres 1956/57 (31. 8. 1957) das 65. Lebensjahr erreicht oder überschritten haben und Stellungnahme der Fachabteilung des Staatssekretariats für Hochschulwesen, 15. 3. 1957, Emeritierungsliste der Martin-Luther-Universität Halle, 6. 5. 1957).

Renate Reimann

Gedanken über meinen Briefwechsel mit Ahrbecks zwischen 1968 und 1981

1953-1958 war ich Wissenschaftliche Assistentin von Prof. Ahrbeck, und wer unser Institut kennt, weiß, dass ich damit zur großen Ahrbeck-Familie gehörte.
Die Jahre 1958 bis 1981 habe ich von der ‚anderen Seite' der Grenze, die Deutschland teilte, erlebt.
Die Verbundenheit mit Ahrbecks blieb über die ganze Zeit erhalten. Ihre Briefe besitze ich ab 1968 vollständig, sie geben einen guten Einblick in die Jahre des hohen Alters eines verehrten Professors (78-90); Rosi war 1968 seit sechs Jahren mit ihm verheiratet und 42 Jahre alt.

Ich habe von 1950-56 an der Universität Halle studiert, und zwar bis 1953 an der Pädagogischen Fakultät mit den Fächern Mathematik und Chemie. 1956 machte ich an der Naturwissenschaftlichen Fakultät das Staatsexamen für die Oberstufe.
Aber bereits im 1. Semester hörte ich die Vorlesung von Prof. Ahrbeck über die Geschichte der Pädagogik, die mich mit ihrem Blick auf die allgemeine Kultur- und Philosophiegeschichte begeisterte. Vor allem war es die sachliche und tiefgehende Betrachtungsweise von Prof. Ahrbeck, die mich in ihren Bann zog. Daher bestand ich schon die 1. Zwischenprüfung in Geschichte der Pädagogik mit ‚sehr gut' und wurde 1952 Hilfsassistentin für dieses Fach. Während meiner Assistentenzeit habe ich an der Ausgabe von Comenius' Didactica magna mitgearbeitet und mich dann auf Pestalozzi spezialisiert. Über die sogenannten ‚Eleven', die vom preußischen Staat in der Zeit von 1810 bis 1816 zur Ausbildung zu Pestalozzi gesandt wurden, hatte ich viel Material gesammelt. Diese biographischen Daten konnte ich dann später für Band 6-13 der Kritischen Ausgabe von Pestalozzis Briefen, hg. von Emanuel Dejung, Zürich 1960 bis 1968, verwenden.

Mein Mann und ich gingen im Juli 1958 nicht freiwillig von Halle weg. Da er eine Stelle als Chemiker bei Hoffmann-La Roche antrat, zogen wir nach Grenzach, heute eine Gemeinde mit 13 000 Einwohnern südlich von Freiburg, bei Basel. Ich arbeitete kurze Zeit als Lehrerin am Gymnasium in Rheinfelden (Mathematik und Chemie), dann 24 Jahre lang in Basel als Informatikerin.

Wir sehen an den Briefen, wie schön und leider unwiederbringlich vergangen die Zeit ist, in der man sich noch schrieb, angesichts der heutigen ‚Telefonitis'. Spätere Generationen von Historikern werden es schwer haben, persönliche Briefe zu finden.

„Man lebt, solange man im Gedächtnis der Menschen lebendig bleibt" – diese Worte unserer geliebten Frau Ahrbeck, ‚Bettken' genannt, die 1961 gestorben ist, hat Rosi bei einer kleinen Ansprache im Februar 1972 zitiert. Prof. Ahrbeck fügt in seinem Brief (18. 2. 1972) hinzu: „Wer sollte wohl jemals Bettken vergessen, der ihr begegnet ist. Und das Zusammensein", schreibt er, „verlief in Bettkens Geist: nicht wehleidig, sondern in dankbarer Heiterkeit." Dies soll auch das Motto meines sehr persönlichen Rückblicks auf den Briefwechsel mit Prof. Ahrbeck und Rosi sein.

Ich möchte drei Themenkreise hervorheben (und nicht chronologisch vorgehen):
1. Die ‚Bekenntnisse', um mit Rousseau zu sprechen
2. Die Büchersendungen
3. Die Universität, speziell Rosis Vorträge.

1. Die ‚Bekenntnisse'

Ahrbecks kritische und unbestechliche Haltung zeigt sich in den wenigen Bemerkungen über sich selbst.
Die Briefe beginnen immer mit der Anrede: „Liebe Frau Renate, lieber Herr Reimann". Am 5. 6. 1970 berichtet er über seinen 80. Geburtstag: 4-5 Tage lang kamen Gratulanten, Martin Kühnel, Frau Wöllenweber, Friedrich Westphal und Heinz Schulz-Falkenthal werden genannt, am Nachmittag Carlo Günther und Prof. Alt aus Berlin. Ein paar Tage später war ein Hauskonzert, „das uns die ausgezeichneten, virtuosen Hallischen Madrigalisten unter Leitung von Siegfried Bimberg schenkten." Er meint dazu: „Sie wundern sich vielleicht, dass ich diese Höhepunkte alle erwähne; aber sie dienten doch mit zur Selbstbestätigung, denn der Lehrer weiß ja oft nicht, ob sein Leben Wert, Zweck, Sinn hatte."
Und weiter: „Sie haben recht, meine Vorlesungen waren etwas ‚weltfremd'." (Wieso ich das geschrieben hatte, weiß ich nicht mehr).
„Ich würde sie heute nicht mehr in dieser idealistischen Sicht halten, geschult durch den Marxismus und durch schwere Jahre. Darum ist es gut, dass sie nicht gedruckt sind, wie das Heinrich Deiters gewünscht hatte". (Man spürt, dass er das doch im Grunde bedauerte.)
Zum Begriff des ‚Bürgers' (da Ahrbeck ja oft als "Bürger" oder "bürgerlicher Professor" bezeichnet wurde.)
Ich hatte ihm die Lebenserinnerungen „Einmal und nie wieder" von Theodor Lessing geschenkt, eines jüdischen Kulturphilosophen aus Hannover,

den Ahrbeck gekannt hatte, wie ich wusste; er wurde 1935 durch die Nationalsozialisten ermordet.

Nach der Lektüre des Buches urteilt Ahrbeck am 30. 7. 1970: „Aufs Ganze gesehen: ein melancholisches, leidvolles Buch eines Spätzünders, Sohn reicher, einsichtsloser Eltern, denen es auf ‚mehr scheinen als sein' ankam, Vertreter eines muffigen, heuchlerischen hannoverschen Bürgertums, die mir als Typen wohlbekannt sind und von denen sich meine guten Eltern so wohltuend unterschieden."

Ahrbeck hatte also eine differenzierte und distanzierte Auffassung vom ‚Bürgertum', das er andererseits schätzte, indem er damit Tüchtigkeit und Leistung verband (25. 12. 1972).

Beziehungen zu uns, meinem Mann und mir

Die Briefe von Prof. Ahrbeck und Rosi zeugen von einer großen Anteilnahme an unserem Leben, an der beruflichen Entwicklung, dem Hausbau, an Eltern und Bruder sowie an unseren Reisen. Im September 1969 schrieb Ahrbeck: „Ja, wie gerne würden wir Sie besuchen, liebe Reimanns, wie gerne! Jedenfalls – das kann ich sagen: wenn wir mal nach dem Westen dürfen, dann stehen Sie an 1. Stelle der Liste." Er hofft, dass die Reisen erleichtert werden: „Aber das wagt man kaum zu sagen, denn es sieht doch recht düster auf unserem Globus aus. ‚Düster'? Besser flackernd von Bränden, Bombenabwürfen, Handgranaten und Artilleriefeuer."

Ein Wiedersehen mit Prof. Ahrbeck und Rosi gab es nur einmal: 1973 bei meinem Besuch im Uhuweg. Ahrbeck bemerkte dazu, es sei schwierig gewesen wegen des Zeitdrucks. „Das Bewusstsein, es ist eine ‚Stippvisite', ließ uns nicht zum Ausschwingen kommen, trotzdem – es war doch schön, sich wiederzusehen, zu konstatieren, dass wir der Substanz nach (der äußeren und inneren) dieselben geblieben sind."

Am 23. Mai 1980, kurz nach seinem 90. Geburtstag, versichert er: „Wir sind von ganzem Herzen, wahrhaft und echt – ohne Abstriche – wirklich befreundet."

2. Die Büchersendungen

Zunächst die Bücher an uns:
Wir erhielten viele Sonderdrucke von Aufsätzen und Vorträgen und natürlich Rosis Bücher: über Rousseau, die Utopisten, die Studien über Philanthropismus und die Dessauer Aufklärung (mit drei Aufsätzen von Rosi Ahrbeck sowie einem von Herrn Dr. Hirsch), zuletzt Rosis Buch über die allseitig entwickelte Persönlichkeit. Auch die Festschrift zu Ahrbecks 80. Geburtstag sowie Neuerscheinungen von und über Komensky bekamen wir. Sie sehen: ich konnte aus der Ferne die Arbeiten meiner früheren Lehrer

und Kollegen verfolgen und an ihren Gedanken teilnehmen, während ich mich mit Pestalozzi und Computern beschäftigte.

Die Büchersendungen von uns an Ahrbecks waren problematischer:
Oft beschwerte er sich, dass Bücher nicht ankamen, zurückgeschickt wurden oder einfach verschwanden.
So im Januar 1971: „Seit geraumer Zeit ist die Zensur sehr unduldsam; auch unberechenbar. Die Absender begreifen gar nicht, warum dies oder jenes fortgenommen wird." Und am 19. 6. 1969: „Wir müssen uns üben, keinen Ärger aufkommen zu lassen."
24. 12. 1972: Bücheranzeigen werden „an irgendeiner Stelle summa summarum einkassiert." „Das hängt mit der inneren ‚Abgrenzung' zusammen, von der so viel gesprochen wird [...] Nun, über diese ‚Abgrenzung' kann man viele Worte machen und viele Tränen weinen. Weiß der Himmel, was das in concreto für Folgen hat."
Besucher, die bei uns gewesen waren, haben Ahrbecks die Bücher schlussendlich doch gebracht. Um welche Bücher handelte es sich dabei, die Ahrbecks sich gewünscht hatten? Einen Band mit Bildern von Hannover, Ahrbecks Heimatstadt, Bücher von Robert Minder: Der Dichter in der Gesellschaft, Rudolf Hagelstange: Spielball der Götter, Emile Bradford: Reisen mit Homer, Sartre: Wörter (Autobiographie), Golo Mann: Wallenstein, Gero v. Wilpert: Sachwörterbuch der Literatur, den Ploetz, Siegfried Lenz: Deutschstunde, Peter Bamm: Eines Menschen Zeit.

Vor allem aber gefielen ihm und Rosi Thomas Manns Tagebücher, Bände 1-4. Zu Band 2 schrieb Ahrbeck am 16. 9. 1978: „Es ist ein wunderbares Buch, souveräner Spott über die Nationalsozialisten, 100fache Bestätigung dessen, was wir selbst erlebt haben, unversöhnlicher Hass, neue weltpolitische Perspektiven. [...] Rosi verehrt den Thomas, aber verheiratet möchte sie mit ihm nicht sein." Und Rosi bestätigt das (Ende 1979): „Ich lese noch immer genüsslich und daher in raffinierten Minidosen den 2. Band (der Tagebücher von Th. Mann). Es ist so merkwürdig, in die Alltagsatmosphäre eines großen Menschen hineinschauen zu dürfen, mit all den kleinen Quengeleien und den großen Ausblicken dazwischen. [...] Trotzdem – es ist sicher leichter, mit einem nicht ganz so großen Mann zusammenzuleben."

3. Die Universität und Ahrbecks sowie Rosis Arbeit

Es ist klar, dass Prof. Ahrbeck Vorsicht walten ließ mit kritischen Bemerkungen über die Uni und ihre Reformen – aber über Rosis Erfolge konnte und durfte er berichten, und er tat es mit großer Anteilnahme, ja mit Stolz.
29. 5. 1969: „Ich habe ja mit 68 Jahren – wegen der besonderen Umstände danach – um die Emeritierung gebeten. Ich kann nur sagen: Gott sei Dank! Humboldt hat recht. Mir macht das Weiterstudieren ohne den Druck von

Tagesaufgaben ungeheure Freude. Das in Muße arbeiten können, uralte Bildungslücken ausfüllen, das vorhandene Wissen erweitern und vertiefen, ‚nachdenken, forschen, betrachten'. Erst jetzt wird man ‚reif' und bleibt doch jung. Für das ‚Jungbleiben' sorgt ja schon Rosi, an deren Arbeiten – theoretischen und praktischen – ich doch angelegentlichst teilnehme. Sie hält mich auch up to date über das, was sich an Universitätsreformen bei uns tut, und das ist nicht wenig, jedenfalls mehr als im Westen. Aber der Westen wird früher oder später dieselben Wege gehen müssen oder ähnliche, um die Kluft zwischen ‚allgemeiner Bildung' und differenziertestem Spezialwissen zu überbrücken."

Rosi schreibt dazu am 30. 7. 1969
„Sonst ist es bei uns daheim heiter und friedlich, vor allem, seit sich die Verwaltungsstürme der Hochschulreform von Orkanstärke auf eine Größenordnung von 7-8 gemildert haben. Aber das neue Studienjahr, in dem wir in 3 verschiedenen Studienjahren nach 3 verschiedenen Lehrplänen, aber dafür öfter zur gleichen Zeit lesen müssen, wirft bereits seine drohenden Schatten voraus."

Reisen, Tagungen und Kongresse

Ahrbecks reisten oft zur Erholung nach Schierke. Außerdem war Prag ihr Lieblingsziel, wo sie manchmal während der Semesterferien in einem Studentenheim wohnten. Rosi berichtet darüber am 8. 7. 1971: „Wir führten diesmal ein herrliches Studentenleben dort, denn die einzige Möglichkeit einer Einzelreise geht z. Zt. über das Reisebüro mit seinen Bedingungen: Unterkunft und Frühstück im Studenteninternat (moderner Komplex vieler 4-stöckiger Gebäude) und für Privatbedarf pro Tag und Nase 20,- Mark. Obwohl wir davon noch das Benzingeld abzweigen mussten, kamen wir bequem aus. Wir hatten ein langes, helles, schmales 2-Bettzimmer, das außer den Betten eigentlich bloß Schreibplatten enthielt, und im übrigen war es der laute, fröhlich-ungenierte Betrieb eines Motels oder einer Jugendherberge, und wir fühlten uns mopsmunter dabei." Trotz der Hitze von 35° haben sie viel Neues gesehen.
1970 hatten beide am Komeniologen-Kongress in Prag teilgenommen, und Ahrbeck freute sich darüber, dass Franz Hofmann dort eine Medaille bekam.
Der Kongress fand zum 300. Todestag von Komensky statt. Ahrbeck schreibt: „Es war diesmal wirklich ein ‚internationaler' Kongress. Rund 200 Spezialisten aus 27 Nationen, darunter Inder, Japaner, USA, Kanadier, Ost- und West- und Süd- und Nordeuropäer". „Die vielen Vorträge in vielen Sprachen ermüdeten auf die Dauer doch […], auch wir haben uns produziert."

„Im übrigen war ebenso anstrengend die Stadt Prag, eine magische Stadt. Ich kenne sie, seit 30 Jahren. Gisela (seine Tochter) hat dort studiert. Raabe sagt in ‚Holunderblüte', er habe sein Herz an diese wundersame, geheimnisvolle Stadt verloren. So geht es uns auch."
Ich möchte Herrn Dr. Ebert nicht vorgreifen in der Darstellung von Rosi Ahrbecks Arbeiten, sondern nur einige Kongresse und Vorträge nennen:
Im Januar 1970 fuhr sie zur Diesterweg-Tagung in Berlin (Erscheinen von Band X der Diesterweg-Ausgabe).
In Dessau hatte sie des öfteren Sitzungen und Vorträge als Mitglied der ‚Wörlitzer Kommission für Kulturpflege' (1976).
1977 hielt sie im Festsaal des Rathauses in Halle eine Rede zum 250. Todestag von August Hermann Francke. Ahrbeck schreibt dazu: „Das Wunder: Rosis Vortrag fand den größten Beifall auf allen Seiten: der theologischen (!) und den anderen Fakultäten und der Sozialistischen Einheitspartei."
Außerdem nahm sie aktiv an Tagungen in Thüringen, in Gera und in Schulpforta teil. Dort sprach sie 1977 über das Verhältnis von Philanthropismus und Neuhumanismus.
Im selben Jahr (Oktober 1977) hatte sie einen Vortrag zur 475-Jahr-Feier der Universität Halle-Wittenberg (gegründet 1502) über die Traditionsproblematik der sozialistischen Universitas litterarum, wobei sie sich auf Wilhelm v. Humboldt spezialisiert hatte.
„Übrigens ist sie 1stimmig zum Sentator gewählt, der erste weibliche in Halle, soweit ich weiß".
Noch zwei Vorträge möchte ich erwähnen: 1978 zum 175. Todestag von Herder in Weimar und 1979 an der Uni Halle zum 300. Geburtstag von Christian Wolff.
Ahrbecks Kommentar zu dieser erfolgreichen Zeit (18. 2. 1976): „Rosi befindet sich wohl auf der Höhe (oder auf einer Höhe) ihres Könnens und ihrer Leistungsfähigkeit. Sie wird viel von Vereinen, Verlegern etc. verlangt, meines Erachtens zu viel. Nett, wie ein Rezensent berichtete: ‚Schreiben kann diese Frau – beneidenswert'."

Man erkennt an dieser Aufzählung der Vorträge die ungeheure Arbeitsleistung von Rosi Ahrbeck, die sie neben der Betreuung des Haushalts, ihrer kranken Mutter, die zeitweise bei ihnen im Uhuweg wohnte, und des Ahrbeck-Sohnes vollbrachte. Im letzten Lebensjahr durchlitt sie zusammen mit ihrem Mann Krankheit und Tod.

Krankheit und Tod

Prof. Ahrbeck blieb bis in das hohe Alter gesund, von einigen Erschöpfungszuständen 1976 und 1978 abgesehen. Er bekam des öfteren Strophantinspritzen zur Stärkung des Herzens. Seine Briefe blieben bis Ende 1980 vom Gehalt und der Schrift her völlig unverändert, man merkt ihnen das Alter nicht an.

Im Januar 1978 schrieb er: „Wir hoffen, dass mich der göttliche Bote nicht so rasch abholt." Und im Mai 1978: „Die Jahre fliehen unaufhaltbar" (Zitat von Horaz) – „gut, wenn man das Dahinschwinden nicht immer im Bewusstsein hat."

Noch am 14. 12. 1980 heißt es: „Ich bekomme ziemlich oft Einladungen nach dem Westen, um die ‚Treffen' meiner ehemaligen Schüler (Magdeburg) oder Studenten (Breslau) miterleben zu können." Aber dann müsste Rosi mitfahren – schließlich stehe' ich im 91. Lebensjahr; nur Rosi ist noch nicht ‚mauerreif'. Dazu fehlt es noch an einigen Jahren."

Zu Weihnachten 1980 berichtete Rosi von schlimmen Neuralgien im Schulter-Armbereich, die ihn plagen, er musste dauernd schwere Schmerzmittel bekommen.

Am 17. Januar 1981 kommt Rosis Brief aus der Orthopädischen Klinik Dessau „in die wir noch zu Sylvester umsiedeln mussten (bei mir fand sich zum Glück eine behandlungswürdige Ischialgie)."

Am 21. 1. bekam er ein „perforiertes Magenulcus und wurde 5 Stunden später operiert [...] es ist noch ungewiß, ob er es schafft."

Am 1. März sind sie beide von einer neuerlichen Woche in der Dessauer Klinik zurückgekommen, Ahrbeck hat immer noch von der Wirbelsäule ausgehende Neuralgien."

Am 1. April 1981 ist er „in seinem schönen Zimmer zwischen seinen Büchern, Blumen und Steinen friedlich eingeschlafen", schreibt Rosi in der Traueranzeige.

Danach kam noch ein letzter Brief Rosis vom 20. April 1981, sechs Tage vor ihrem Tode: „Ich staune immer wieder – oder eigentlich nicht – wie vielen Menschen er etwas bedeutet hat und für wie viele er unvergesslich ist."

Rosi schließt mit den Worten: „Ich weiß, dass und wie Ihr an ihn und mich denkt, und ich danke Euch dafür."

Berthold Ebert

Zu Leben und Werk Rosemarie Ahrbecks

Der Anlaß des heutigen Ehrenkolloquiums hat seine Besonderheit darin, daß wir zweier Persönlichkeiten gedenken, deren Gemeinsamkeit bis in den Tod Kopf und Herz derer, die sie verehrten, die mit ihnen freundschaftlich verbunden waren, die einen Teil ihres Weges mit ihnen gemeinsam gingen, die bei ihnen studierten und mit ihnen arbeiten durften, die sie kannten, lange nicht ruhen ließ. Bis heute weiß ich keine schlüssige Antwort – es wird sie wohl auch nicht geben – darauf, was Rosemarie Ahrbeck, geb. Wothge, zweite Ehefrau Hans Ahrbecks, trotz 36 Jahren Altersunterschied noch fast zwanzig Jahre mit ihm verheiratet, bewegt hat, wenige Wochen nach dem Tode ihres fast 91jährigen Mannes im April 1981 aus dem Leben zu gehen. Die Spurensuche zu diesem Entschluß ist nicht möglich. Es gibt keinen Abschiedsbrief, in ihrem persönlichen Nachlaß fehlen alle „auf sich und ihre bemerkenswerte wissenschaftliche Leistung bezogenen Dokumente sowie ihre ausgedehnte persönliche und wissenschaftliche Korrespondenz", wie Karl-Heinz Günther feststellt und damit die Vermutung verknüpft, daß sie diese Dokumente möglicherweise vernichtet habe, „um die Aufmerksamkeit der Nachfolgenden nicht auf sich, vielmehr auf den von ihr verehrten Hans Ahrbeck zu lenken".[1]

War Rosemarie Ahrbeck die Frau des ethischen Imperativs, die ihren Trauspruch „Wo Du hingehst, da will auch ich hingehen" aus dem Buche „Ruth", den sie auch für die Trauerrede des Pfarrers für ihren Mann wählte, in letzter Konsequenz umsetzte?

War sie die Unglückliche, die „als er starb, glaubte allein zu sein auf Erden und verurteilt, es in Ewigkeit zu bleiben?" Dieses Wort von Romain Rolland stellte sie dem „Bilanz" genannten Schlußkapitel ihrer Rousseau-Biographie voran.[2]

Pfarrer Dietrich Orland stellte in seiner Traueransprache die Frage, ob es richtig gewesen sei, „Verständnis für ihre Lage zu zeigen, sie zu beruhigen, daß im Institut alles bestens liefe? Hätte man ihr statt dessen zeigen müssen, wie unentbehrlich sie war?"[3]

Fragen, die wir uns, Dr. Dora Melzer, Dr. Jürgen Gebhardt und ich, die wir am Vorabend ihres Todes bei ihr waren, zur Besprechung eines Doktorandenkolloquiums, mit Betroffenheit stellten. Sie winkte uns, als wir mit dem

---

[1] Karl-Heinz Günther: Vorbemerkung zu Hans Ahrbeck: Autobiographische Skizzen von 1970/71 (handschriftliches Manuskript). In: Bibliothek für Bildungsgeschichtliche Forschung des Deutschen Instituts für Internationale Pädagogische Forschung (DIPF/BBF), Archiv Nr. 0.4.091., Nachlaß Hans und Rosemarie Ahrbeck.

[2] Rosemarie Ahrbeck: Jean-Jacques Rousseau. Leipzig/Jena/Berlin 1978, S. 118.

[3] Vgl. Privatarchiv Ebert (= PAE).

Auto wegfuhren, die Gardine am Fenster neben der Haustür beiseite schiebend. Dieses Bild werde ich bis heute nicht los – wenngleich es erst im Nachhinein diese Bedeutung gewann.

Natürlich gibt es auch die Überlegung, ob es ihre eigene Krankheit war oder die Erschöpfung ihrer Kräfte in der aufopfernden Pflege ihres Mannes?

Es ist nur eine Reihe der denkbaren Fragen. Sie werden ohne Antwort bleiben. Verzeihen Sie bitte diese persönlichen Reminiszenzen, aber als ihr Schüler, vielleicht auch nur ihr letzter Assistent, wird man diese Fragen nicht los.

Rosemarie Ahrbeck, geb. Wothge, wurde am 14. April 1926 in Magdeburg als Tochter des Zimmermanns und späteren Oberinspektors Albert Wothge und seiner Ehefrau Frieda geboren. Nach der Grundschule wurde sie Schülerin der Augusta-Schule zu Magdeburg, einer städtischen Oberschule für Mädchen, in deren sprachlichen Zweig sie 1944 das Abitur ablegte. In der „Allgemeinen Beurteilung des körperlichen, charakterlichen und geistigen Strebens und Gesamterfolges" steht: „Rosemarie gehörte durch ihre hervorragende Begabung und ihren vorbildlichen Einsatz auf allen Gebieten zu den besten Schülerinnen der Klasse. Zu der Selbständigkeit ihres Denkens und Fühlens gesellten sich steter Fleiß und mustergültige Sorgfalt in der Ausführung ihrer Arbeiten, so daß ihre Leistungen volles Lob verdienten. Der Klassengemeinschaft zeigte sie sich in selbstloser Hilfsbereitschaft und freier Verantwortung verpflichtet. Sie besitzt das Reichsjugendsportabzeichen".

In Leibeserziehung, Fremdsprachen, Naturwissenschaften und Mathematik sowie in Deutsch, Geschichte und Erdkunde werden ihr „sehr gute" und „gute" Leistungen bestätigt, lediglich in Kunsterziehung, Handarbeiten und Musik erhielt sie nur „befriedigend". Die Eigenschaften, die für ihren wissenschaftlichen Werdegang bestimmend wurden, prägen sich also sehr frühzeitig aus. Aus der Schulzeit heraus bildet sich ein enges Vertrauensverhältnis zu ihrer Klassenlehrerin „Käthchen Grimm", die ihr 1971 Auszüge aus ihren Tagebüchern schenkte. „Rosi, strahlender Mittelpunkt, wie seit langem" – so beschreibt sie ihre Abiturientin des Jahres 1944.

Dem Schicksal ihrer Altersgenossinnen gleich mußte sie 1944 als „Arbeitsmaid" im Reichs-Arbeitsdienstlager Grunsruh ihren sogenannten „Arbeitsdienst" ableisten. Vom September 1944 bis zum Januar 1945 kommt sie als Schulhelferin im Kreis Rybnik erstmals in beruflichen Kontakt zur Pädagogik. Nach dem Ende des 2. Weltkrieges war sie vorübergehend in der Landwirtschaft tätig. Ab dem 8. 5. 1945 wurde sie in Peckensen (Altmark) für kurze Zeit als Lehrerin eingesetzt. Ihren Neigungen zur Medizin folgend, damit auch einen Wunsch ihrer Mutter erfüllend, begann sie noch 1945 am Gustav-Rickert-Krankenhaus in Magdeburg eine Ausbildung als Krankenschwester. Ihren Wunsch Medizin zu studieren mußte sie jedoch unter den gegebenen Bedingungen, vor allem auch ihrer sozialen Situation wegen – der Vater war schon 1930 gestorben, sie hatten beim Angriff auf

Magdeburg ihre Wohnung verloren – zunächst aufgeben. Nach einem Neulehrerkurs bewarb sie sich 1946 für ein bereits zu dieser Zeit gebührenfreies Studium an der neu gegründeten Pädagogischen Fakultät der Universität Halle, an der Lehrer für die demokratische achtjährige Grundschule ausgebildet wurden. So gehörte sie 1946 unter dem Dekan und Professor für Praktische Pädagogik Hans Ahrbeck zur ersten Matrikel der Lehrerstudenten an der Martin-Luther-Universität Halle-Wittenberg. Damit beginnt eine einzigartige Werk- und Lebensgemeinschaft, die wohl kaum wiederholbar ist – Werk- und Lebensgemeinschaft von Anfang an, denn Hans Ahrbeck entdeckt und fördert ihre geisteswissenschaftliche Begabung, Rosemarie Wothge versucht als Pflegetochter ihm den schmerzlichen Verlust seiner Tochter Gisela zu erleichtern. Diese Situation wird später 1955 in einer Hausmitteilung des Staatssekretariats für Hochschulwesen im Zusammenhang mit dem Antrag für eine Dozentur in Geschichte der Pädagogik aufmerksam registriert: „Frl. Dr. Wothge ist von Prof. Dr. Ahrbeck [...] über alle Maßen wissenschaftlich gefördert worden und hat ein enges persönliches Verhältnis zu ihm, der sie wie seine Tochter in seine Familie aufgenommen hat.[4]

1948/49 das Nationalstipendium als Beststudentin erhaltend, beendet sie 1949 ihr Lehrerstudium mit dem Examen für Deutsch und Didaktik der Unterstufe, in dem ihre Lehrbefähigung mit „Sie hat einen guten Anfang gemacht" fast reformpädagogisch beurteilt wird. Das Thema der mit „sehr gut" bewerteten schriftlichen Hausarbeit lautet: „Berthold Ottos Lehre von den Vorstellungen und Trieben und ihre pädagogische Bedeutung". Damit sind die Weichen in Richtung der Historischen Pädagogik gestellt.

Neben der familiären Bindung kann sich wohl auch Rosemarie Wothge dem vielfach beschriebenen legendären Ruf der Ahrbeckschen Vorlesungen zur Geschichte der Pädagogik nicht entziehen.

Trotz eines ausgezeichneten Gutachtens von Hans Ahrbeck vom 28. 7. 1950, das ihr eine seltene intellektuelle Eignung für die wissenschaftliche Laufbahn, Klarheit, Konsequenz und Unbestechlichkeit im Denken bescheinigt, und einer „gesellschaftspolitischen Beurteilung" vom 5. 5. 1950 durch die FDJ, der sie von 1948-50 angehört, in der ihr bestätigt wird, daß sie sich u. a. als Leiterin der Literaturarbeitsgemeinschaft der Jungen Pioniere „gewillt" zeigt, ihre fachliche Qualifikation in den Dienst der Gesellschaft zu stellen und daß ihr „politisches Bewußtsein und politisches Wissen [...] noch entwicklungsfähig" sei[5], wird ihr die Wahrnehmung einer Assistentenstelle im Institut für Theoretische Pädagogik verwehrt und der Vorschlag unterbreitet, sie zunächst „im Schuldienst zu verwenden".[6]

---

[4] Universitätsarchiv Halle (=UAH), PA Nr. 24722/2.
[5] Vgl. UAH, PA Nr. 24722/1.
[6] Vgl. Anm. 5.

So führt der Weg Rosemarie Wothges zum Institut für Lehrerbildung in Halle als Dozentin für Deutsch und Schulhygiene.

Die hier schon ganz am Anfang ihres wissenschaftlichen Weges stehenden Ambivalenzen zwischen außerordentlicher fachlicher Eignung und politischen Vorbehalten begleiten Rosemarie Ahrbeck-Wothge bis zum Forschungspreis I. Stufe für ihre Monographie „Die allseitig entwickelte Persönlichkeit – Studien zur Geschichte des humanistischen Bildungsideals" 1979 und bis zu ihrer Mitgliedschaft als parteilose Wissenschaftlerin im Senat der Martin-Luther-Universität Halle-Wittenberg.

1951 wird sie dann doch Assistentin im Bereich der Geschichte der Erziehung am Institut für Pädagogik, promoviert 1952, den Faden der Staatsexamensarbeit aufnehmend, mit ihrer Dissertationsschrift „Über die romantischen Elemente in der Reformpädagogik und ihre Beziehungen zum Imperialismus". Da zu diesem Zeitpunkt Promotionen an der Pädagogischen Fakultät noch der Sondergenehmigung des Staatssekretariats für Hochschulwesen bedurften, mußte Hans Ahrbeck betreffs Rosemarie Wothges Dissertation einen Antrag stellen. Ernst Cloer berichtet in diesem Zusammenhang, daß das Staatssekretariat Probleme mit der Akzeptanz der Arbeit insofern hatte, als in ihr davon ausgegangen und belegt wird, daß „es im wesentlichen Gedanken der Romantik sind, durch die die Reformpädagogik die Entwicklung des Imperialismus begünstigt", so Ahrbeck in seinem Antrag. Dem Staatsekretariat schien es suspekt, daß „eine umfassende gründliche Darstellung des imperialistischen Charakters der Reformpädagogik" unter Rückgriff „auf eine einundhalb Jahrhunderte zurückliegende, also vorimperialistische Erscheinung" möglich sei. Letztlich erfolgt die Promotion mit der unveränderten Arbeit. Bemerkenswert ist hier noch, daß nach Cloer in dieser Arbeit Aspekte von Jürgen Oelkers kritischer Dogmengeschichte der Reformpädagogik vorweggenommen werden.[7] Mit der Promotion war der Weg frei für die Oberassistentenstelle bei Hans Ahrbeck. Hierfür schreibt er fachliches Gutachten und die Beurteilung über die gesellschaftspolitische Mitarbeit gleich selbst, da die FDJ säumig ist. Diesmal legt er den Akzent neben der wissenschaftlichen Begabung auf ihre pädagogischen Fähigkeiten. Sie verstehe es, „mit Menschen umzugehen, den oft schwierigen Stoff der Vorlesungen den Anfängern durchsichtig zu machen und ihnen in ihren mancherlei Nöten kameradschaftlichen Rat zu geben". Andererseits verweist er darauf, daß sie den Marxismus „mit zähem Fleiß, systematisch um neue Erkenntnisse ringend, studiert" und am politischen Leben im Rahmen des Kulturbundes und im Friedenskomitee der Universität teilnehme.[8]

---

[7] Vgl. hierzu Ernst Cloer: Theoretische Pädagogik in der DDR: eine Bilanzierung von außen. Weinheim 1998, S. 241-243 u. S. 255-259.

[8] Vgl. UAH, PA Nr. 24722/1, Gutachten vom 3. 12. 1952 und Beurteilung vom 17. 12. 1952.

Rosemarie Wothges unbändiger Leistungswille, ihre „Disziplinierung der Kräfte", wie sie sie später in der Charakteristik des neuhumanistischen Menschenbildes eindrucksvoll herausarbeitet, ermöglichen es, daß sie 1953 das Oberstufenexamen in Deutsch ablegt und bereits 1955 ihre Habilitationschrift „Die Beziehungen zwischen den gesellschaftlichen, psychologischen und pädagogischen Anschauungen Berthold Ottos – Ein Beitrag zur Pädagogik des deutschen Imperialismus" vorlegen kann, mit der sie zugleich die „venia legendi" für Geschichte der Pädagogik erwarb.

Mit dieser Arbeit endet ihre forschende Auseinandersetzung mit der Reformpädagogik, sicher auch, weil dafür kein Raum im gesellschaftlichen Umfeld mehr zu finden war. Sie hat damit auch ein Stück Familiengeschichte der Ahrbecks aufgearbeitet, die nicht nur darin besteht, daß Hans Ahrbecks Schwiegervater, der Gymasialprofessor Edmund Sträter, nach Werner Helwig in dem Buch „Die blaue Blume des Wandervogels" (1960) als einer der geistigen Väter der Wandervogelbewegung angesehen wird, sondern vor allem darin, daß seine Schwägerin Klara Sträter in engem Briefwechsel mit Berthold Otto stand und dieser Briefwechsel in der Habilitationsschrift von Rosemarie Wothge aufgearbeitet wird.

Für ihren Werdegang an der Universität ist sie nun an einer entscheidenden Stelle angekommen, die rückblickend wohl nur mit dem Ansehen, der Kraft und der Strategie ihres Förderers und väterlichen Freundes Hans Ahrbeck zu meistern war, zu diesem Zeitpunkt schon im traditionellen Rentenalter.

Um die Berufung zur Dozentin entwickelte sich eine spannende Auseinandersetzung zwischen Philosophischer Fakultät als Befürworter auf der einen Seite und Rektorat, Parteileitung der Universität, dem Staatssekretariat für Hochschulwesen und dem ZK der SED auf der anderen Seite.

Nach der Ablehnung der Dozentur 1955 unter Berufung darauf, daß „Ausmaß des Faches sowie Studentenzahl lediglich eine Professur in dieser Abteilung rechtfertige, erneuert die nunmehrige Philosophische Fakultät unter dem Dekan Prof. Dr. Häusler, einem Slawisten, am 25. 6. 1956 den Antrag. Ich lasse hier ein Dokument für sich sprechen, die Hausmitteilung des Staatssekretariats für Hochschulwesen vom 16. 7. 1956: „Über die Klärung des Problems, daß Rektor der MLU und Parteileitung Berufung Wothges in Halle nicht wollten und für Leipzig vorschlugen":

„Nach mehrfachen Aussprachen mit dem Genossen Mäder im ZK der SED nehmen wir zu dem Sachverhalt wie folgt Stellung:
1. Frl. Dr. Wothge hat sich im Jahre 1955 habilitiert. Sie ist eine parteilose Wissenschaftlerin, die sich in ihren wissenschaftlichen Arbeiten um einen marxistischen Standpunkt bemüht, was auch in ihrer Teilnahme am Parteilehrjahr sowie an Auseinandersetzungen über marxistische Philosophie zum Ausdruck kommt. Sie ist wissenschaftlich zweifellos sehr befähigt. Angesichts ihrer Jugend ist durchaus die Notwendigkeit und Möglichkeit gege-

ben, sie in das marxistische Lager hinüberzuziehen. [Dann folgt die bekannte Passage zur Beziehung zu Hans Ahrbeck, Vgl. Anm. 4; d. Vf.].

2. da Stärkung der Position der Partei am Institut für Pädagogik nötig wäre, sollte eigentlich Gen. Dr. König nach Halle berufen werden, wird aber dringender an der Humboldt-Uni bei Prof. Dr. Alt für die Ausbildung von Dozenten für die Lehrerausbildung benötigt.

3. Ich habe dessen ungeachtet in einem Gespräch mit Prof. Ahrbeck die Anregung gegeben, ob man nicht Frl. Dr. Wothge als Dozentin an die Universität Leipzig berufen könne, wo sie sich nun ohne die Autorität von Prof. Ahrbeck im Hintergrund wissenschaftlich auseinandersetzen müßte. Prof. Ahrbeck nahm diesen Hinweis außerordentlich ernst und schlußfolgerte daraus:

a) daß die bei ihm ausgebildete Koll. Dr. Wothge offenbar kein ausreichendes Vertrauen habe und noch einer „politischen Politur" bedürfe, die sie bei Gen. Prof. Eichler in Leipzig erhalten soll.

b) daß er eine solche Berufung natürlich auch relativ als ein Mißtrauensvotum gegen seine Person betrachten müsse. [sic!]

c) daß hier allgemein für ihn die Frage nach den Bedingungen wissenschaftlicher Arbeit für nichtmarxistische Pädagogen gestellt sei.

Wir haben diese Frage ernsthaft überprüft und sind zu dem Ergebnis gekommen, daß hier wiederum die von den Genossen gewünschte Berufung nach Leipzig bedeuten würde, die notwendige wissenschaftliche Auseinandersetzung mit Frl. Dr. Wothge in Halle durch eine administrative Versetzung zu umgehen.

4. Wir befürworten also den Antrag der Philosophischen Fakultät und schlagen vor, die Ernennung zum 1. 9. 1956 zu vollziehen. Damit erhält Frl. Dr. Wothge die Anerkennung für ihre bisher geleistete wertvolle wissenschaftliche Arbeit. Darüber hinaus ist nach wie vor die Frage der Nachfolge für Prof. Dr. Ahrbeck (er ist jetzt 66 Jahre) noch nicht endgültig entschieden. Eine andere Lösung dieser politischen Frage, nämlich die Besetzung der Dozentur mit einem Genossen, ist – wie oben gesagt – zur Zeit nicht möglich; gleichfalls wäre es politisch falsch, diese offene Stelle unbesetzt zu lassen und Frl. Dr. Wothge als eine bürgerliche habilitierte Pädagogin in der jetzigen Position der Oberassistentin zu belassen.

5. In diesem Zusammenhang sehe ich mich zusätzlich zu einer Stellungnahme zum Verhalten des Rektors veranlaßt; Gen. Prof. Stern hat uns bereits 1954 Vorwürfe gemacht, daß wir die Habilitierung von Frl. Dr. Wothge zugelassen haben, er hat jedoch den damals gestellten Antrag des Dekans ohne Stellungnahme an uns weiter gesandt. Genauso verhält es sich diesmal, wo wir wiederum den Antrag der Fakultät ohne seine Stellungnahme nur mit Sichtvermerk erhalten. Es dringt sich die Folgerung auf, daß Gen. Prof. Stern als verantwortlicher Rektor der Universität eine Aussprache mit Prof. Ahrbeck, der den Rektor sehr schätzt und ein enges persönli-

ches Verhältnis zu ihm hat, scheut, um sich hinter dem Rücken des Staatssekretariats für Hochschulwesen zu verbergen, und die Verantwortung auf das Staatssekretariat für Hochschulwesen zu schieben und dadurch sein Verhältnis zu Prof. Ahrbeck nicht zu trüben [...]."[9]

1960 folgte die Berufung zum Professor mit Lehrauftrag für Geschichte der Erziehung an der Philosophischen Fakultät der halleschen Universität. Auch dabei wird die geschickte Strategie ihres Mentors Hans Ahrbeck deutlich, wenn den Antrag zur Berufung der weithin bekannte Germanistikprofessor Dr. Ernst Hadermann stellt, während des 2. Weltkrieges Mitglied des Nationalkomitees „Freies Deutschland". Gutachterlich unterstützt wird diese Berufung von Heinrich Deiters, Robert Alt und Gertrud Rosenow, einer Deutschmethodikerin. Übereinstimmend werden Rosemarie Wothge „gründliches Wissen" und „Exaktheit" des Arbeitens (Rosenow), „vielseitige Kenntnisse" und „Vertrautheit mit der einschlägigen Materie" (Alt) sowie die „Fähigkeit, historische Vorgänge und Persönlichkeiten von verschiedenen Seiten zu beleuchten, zu analysieren und anschaulich darzustellen" (Deiters) zugestanden. Rosenow merkt an, daß, obgleich „sie nicht Marxistin war" während der Zusammenarbeit mit ihr, wir es uns nicht leisten können, „einen solchen im besten Sinne loyalen Menschen auszuschließen oder auch nur hinten an zu setzen. Auch ist sie ehrlich." Alt meint, daß sich Frau Wothge um die „dialektisch-materialistische Betrachtung der pädagogisch-geschichtlichen Phänomene" ersichtlich bemühe, die „durchgängige und richtige Anwendung" dieser Methode aber ein „langwieriger Prozeß" ist, der bei Frau Wothge „noch keineswegs abgeschlossen" sei. Amüsant finde ich die Anmerkung Deiters, daß ihr gutes Deutsch „eine fein gebildete Persönlichkeit" verrate.[10]

Damit war nun auch die Nachfolge in der Professur für Geschichte der Erziehung geklärt, denn Hans Ahrbeck war 1958 endgültig aus dem Institut für Pädagogik ausgeschieden.

Neigte sich die Waage in Rosemarie Wothges wissenschaftlichem Werdegang auch immer auf die Seite der fachlichen Kompetenz, von politischer Loyalität untersetzt, so war sie sich nach Karl-Heinz Günther „als christliche Parteilose ihrer Stellung als Professorin für Geschichte der Pädagogik niemals sicher. [...] Als Ahrbeck-Schülerin und in Ahrbecks Familie lebend, mußte Rosi als ‚bürgerlich' gelten, ganz ungeachtet ihres ständigen und ehrlichen Engagements für sozialistische Verhältnisse, wie sie sie aus religiöser und humanitärer Tradition vielleicht viel besser verstand als jene, die

---

[9] Vgl. UAH, PA Nr. 24722/1.
[10] Vgl. UAH, PA Nr. 24722/2, Gutachten zur Professur vom 4. 7. 1960, 8. 7. 1960 und 10. 7. 1960.

den Weg zum Sozialismus als unterwürfige Interpretation und ‚Durchsetzung' von Parteibeschlüssen begriffen."[11]
Diese Unsicherheit war es sicher auch, neben ihrer Neigung dazu, daß sie zwischen 1958 und 1965 – ohne ihre wissenschaftliche Aufgabe als Hochschullehrerin zu vernachlässigen – Medizin studierte und 1968 mit der Arbeit „Zur Persönlichkeit akzelerierter, normaler und retardierter Schülerinnen der 10. Klasse der allgemeinbildenden polytechnischen Oberschulen in Halle (S.)" zum Dr. med. promovierte. Die interdisziplinäre Sicht auf Pädagogik und Medizin in dieser Forschungsarbeit führte dazu, daß sie später als Gutachterin für eine Reihe medizinisch-pädagogischer Doktorarbeiten herangezogen wurde. Über Jahre war sie deshalb auch als Lehrbeauftragte für Anatomie/Physiologie im Zusatzstudium für Hilfsschullehrer und im Fach Gesundheitserziehung des Lehrerstudiums tätig.
1969 erfolgte die Berufung zum ordentlichen Professor für Geschichte der Erziehung und Vergleichende Pädagogik.
In den Jahren zwischen 1960 und 1981, seit August 1962 mit Hans Ahrbeck verheiratet, legte Rosemarie Ahrbeck eine beträchtliche Anzahl wissenschaftlicher Forschungsergebnisse vor, die wegen ihrer Originalität, Gründlichkeit, ihrer strengen Sachlichkeit und sprachlichen Meisterschaft ihren Ruf als hervorragende Historikerin im In- und Ausland begründeten.
So gestaltete sie durch beispielgebende eigene Leistung die Abteilung Geschichte der Erziehung und Vergleichende Pädagogik der Sektion Erziehungswissenschaften an der Martin-Luther-Universität Halle-Wittenberg zu einem Zentrum für Forschungen zur (sogenannten) klassischen bürgerlichen Pädagogik. Renaissancehumanismus, soziale Utopisten, Jan Amos Komensky, August Hermann Francke, Jean-Jacques Rousseau, die Philanthropisten, besonders Peter Villaume und Johann Bernhard Basedow, Neuhumanismus und deutsche Klassik bestimmten ihre eigenen Forschungen, die die Grundlage bilden für das leider letzte Werk aus ihrer Feder, die schon anfänglich erwähnte viel beachtete Monographie „Die allseitig entwickelte Persönlichkeit. Studien zur Geschichte des humanistischen Bildungsideals" (Berlin 1979), deren Drucklegung eine eigene Geschichte wäre und die zugleich freundschaftlich und kritisch von Karl-Heinz Günther begleitet wurde.
Die sehr weit gediehene Ausgabe von Franckes Schriften zur Pädagogik hat sie leider nicht vollenden können. Spaßhaft hat sie dazu gelegentlich angemerkt, daß das wohl das erste Buch des Volk und Wissen Verlages werde, in dem so oft von Gott die Rede ist.
Es ist hier nicht der Raum – und ich bin allein auch nicht kompetent genug dazu – zur Auseinandersetzung mit ihrem Gesamtwerk oder mit der Studie zur Allseitigkeit. Der politisch determinierte Rahmen des Problems allseiti-

---

[11] Karl-Heinz Günther: Rückblick: nach Tagebuchnotizen aus den Jahren 1938-1990. Berlin-Buchholz 1998, S. 221.

ger Persönlichkeitsentwicklung in der DDR am Ende der siebziger Jahre müßte hier genau bestimmt werden. Wenn ein Impuls aus diesem Kolloquium wünschenswert wäre, dann der, daß sich ein Kreis interessierter Wissenschaftlerinnen und Wissenschaftler fände, der sich der Rezeption, der Wirkungsgeschichte des wissenschaftlichen Werkes von Hans und Rosemarie Ahrbeck widmete und in fünf Jahren auf einem Kolloquium die Themen behandelte, die heute hier aus gegebenem Anlaß ausgespart wurden.

Wenn ich, der ich zwischen 1961 und 1965 Rosemarie Ahrbecks Student war, von 1966-1981 ihr Assistent, sie also 20 Jahre lernend, manchmal auch helfend begleiten durfte, versuche, zu ihrem wissenschaftlichen Werk Stellung zu nehmen, so kann ich das nur aus persönlicher Sicht, kann es nicht, in dem ich ein soziologisches Konstrukt oder Begriffsgatter über ihr Leben und Werk lege. Damit gebe ich sicher Interpretationschancen preis, aber mir ist die Individualität eines Lebens zu wertvoll.

Ich sehe ihr historisch-pädagogisches Werk vor allem unter dem Aspekt, daß sie darin Antworten auf ihre subjektiven Fragen suchte, die sich fast ausschließlich um die Wirkungsmöglichkeiten des Menschen in gesellschaftlichen Zusammenhängen, vielleicht sogar in seinen gesellschaftlichen Zusammenhängen drehten. Die soziale Determinierung z.B. des Bildungsideals, wie sie es konkret für den Philanthropismus analysierte, gehört zu ihrer Antwort auf ihre zentrale Frage.

In der Analyse der sozialutopischen Schriften – unter Utopien versteht sie in die Idealität hinein verlängerte Realität – geht es ihr um die humanistische Frage, wie weit es diese Idealgesellschaften dem einzelnen erlauben, „sich selbst zu finden und in lebendiger Wechselwirkung mit seiner gesellschaftlichen Umwelt alle seine Kräfte voll zu entfalten".[12] So stellt sie für Morus und Campanella fest, daß sie die „grundlegenden Bedingungen des menschlichen Glücks in der Beseitigung der Ausbeutung des Menschen durch den Menschen, in der Identität von gesellschaftlichem und individuellen Interesse"[13] erblicken. So findet sie bei Morus, daß der „Zweck einer humanen Lebensführung wohl in der Bildung aller Kräfte liegt, daß unter diesen jedoch die geistigen Kräfte besonders wichtig sind"[14], daß höchste Menschlichkeit darin bestehe, „den Kummer der Mitmenschen zu lindern, ihre Traurigkeit zu beheben und in ihr Leben Freude zu bringen".[15]

Christa Uhlig erinnerte sich in Korrespondenz mit mir an den Gedankenaustausch mit Rosemarie Ahrbeck über den „subjektiv erlebten Konflikt zwischen der Vereinseitigung des Menschen durch Spezialisierung und dem

---

[12] Rosemarie Ahrbeck: Morus. Campanella. Bacon. Frühe Utopisten. Leipzig/Jena/Berlin 1977, S. 29.
[13] Vgl. Anm. 12, S. 116.
[14] Vgl. Anm. 12, S. 63.
[15] Vgl. Anm. 12, S. 52.

Bedürfnis nach Allseitigkeit seines Tuns".[16] Diese Frage steht in engem Zusammenhang mit den Wirkungsmöglichkeiten des Menschen in gesellschaftlichen Zusammenhängen. Wohl deshalb war ihr das Neuhumanismus-Kapitel in ihrer Allseitigkeitsstudie so wichtig. Wenn sie Schiller folgend, als die schlimmste Folge der vom Staat verschuldeten Entwürdigung die Vernichtung der menschlichen Totalität[17] beschreibt, so sucht sie von hier aus die Spuren zu einer Lösung dieser Frage. Humboldts Gedanke, daß „der wahre Zweck des Menschen, nicht der, welchen die wechselnde Neigung, sondern welchen die ewig unveränderliche Vernunft ihm vorschreibt" – die „höchste und proportionierlichste Bildung seiner Kräfte zu einem Ganzen" sei[18], ist ihr aus dem Herzen gesprochen. Wohl deshalb hat sie meine sportlichen Interessen akzeptiert, selbst wenn sie gelegentlich mit der Disziplinierung der Kräfte kollidierten.

Dieser Harmoniegedanke als Triebkraft zur Allseitigkeit wird zum Beispiel in der Verlagskritik insofern angesprochen, als hier offensichtlich die dialektischen Widersprüche als Triebkraft der Vervollkommnung vermißt werden.

Zwischen die „Entfaltung der Kräfte" und das „Streben nach Selbstvervollkommnung" setzt Rosemarie Ahrbeck die „Disziplinierung der Kräfte" als Korrelat ihrer Entfaltung. Disziplinierung heißt für Schleiermacher „die Herrschaft der geistigen Funktionen" über die ganze Lebenseinheit.[19] Hier begegnen wir wieder dem Morus'schen Gedanken der Menschlichkeit, die „Selbstsucht" der Menschen als Wurzel aller anderen Verderbtheit durch geistige Kraft zu beherrschen[20], oder eben: „den Kummer der Mitmenschen zu lindern, ihre Traurigkeit zu beheben und in ihr Leben Freude zu bringen."[21]

Bei Thomas Morus findet sie auch die Empfehlung des Kompromisses mit dem Staat: „Kann man verkehrte Meinungen nicht mit der Wurzel ausrotten und kann man Übeln, die sich lange eingenistet haben, nicht nach innerster Überzeugung abhelfen, so darf man deshalb doch nicht gleich den Staat im Stiche lassen."[22]

Diese Frage des Kompromisses mit dem Staat, der Akzeptanz des Staates im Zusammenhang mit den individuellen Wirkungsmöglichkeiten begleitet sie auch durch ihre Philanthropismus-Rezeption, speziell die Auseinandersetzung mit Johann Bernhard Basedow. Dabei steht das Anliegen Basedows im Mittelpunkt, das sie auch zu ihrem eigenen gemacht hat, nämlich die

---

[16] Brief vom 6. 3. 2001.
[17] Rosemarie Ahrbeck: Die allseitig entwickelte Persönlichkeit. Studie zur Geschichte des humanistischen Bildungsideals. Berlin 1979, S. 117.
[18] Vgl. Anm. 17, S. 122.
[19] Vgl. Anm. 17, S. 126.
[20] J.G. Fichte, vgl. Anm. 17, S. 126.
[21] Vgl. Anm. 12, S. 52.
[22] Vgl. Anm. 12, S. 56.

geistige Entfaltung des Heranwachsenden zu sichern, die kritische Denkfähigkeit zu fördern, die erkannte Wahrheit verbreiten zu dürfen.

Die Forderung Basedows nach einer Gewissensfreiheit, die „nicht schweigende, sondern redende Gewissen" duldet, bestimmt auch das Lebenswerk Rosemarie Ahrbecks, obgleich es im gesellschaftswissenschaftlichen Denkraum der sozialistischen Gesellschaft eingeengt war und eben notwendige Kompromisse enthält. Im möglichen Spielraum zwischen Apologetik und Kritik schritt sie die Grenzen aus, die ihr die Gesellschaft setzte. Ähnlich Basedow, dem letztlich Staatsräson Prinzip war, fühlte sich Rosemarie Ahrbeck dem Staat verpflichtet, brachte sie wie ihr Mann Hans Ahrbeck ihre Leistung in den Staat ein, sicher auch in der Hoffnung und in dem Bemühen, dem sozialistischen Gesellschaftsexperiment eine Chance einzuräumen, die demokratische Einheitsschule, später die sozialistische Einheitsschule als legitime Erbin bürgerlich-demokratischer, eben auch philantropistischer schulpolitischer und pädagogischer Forderungen in praxi aufbauen, ausgestalten zu können. Dabei hielt sie wie ihren Mann Staatsräson nicht davon ab, beständig unmittelbar und mittelbar Kritik zu üben. Wenn sie Basedows dringliche Kritik der Herrscher am üblichen Mißbrauch der Macht zu persönlichen Vorteilen, seine ständigen Ermahnungen der Herrscher zur Wahrnehmung ihrer wichtigsten Pflicht, nämlich die menschliche Wohlfahrt zu fördern, die Vorschläge der Landeskinder heranzuziehen, überflüssige Freiheitsbeschränkungen zu vermeiden, in ihren Schriften mehr als deutlich artikuliert, dann meinte sie damit auch ihre Zeit, wohl aber auch unsere. Leider sind diese Reflexionen ohne konkrete Reaktion geblieben.

Lassen sie mich abschließend anmerken, daß Rosemarie Ahrbeck die sorgfältige und genaue Quellenarbeit, die logische Klarheit und anschauliche Darstellung , die innere Anteilnahme für den historischen Gegenstand und seine Bedeutsamkeit für gegenwärtiges Geschehen, die ihre Schriften auszeichnen, auch in ihre Vorlesungen und Seminare trug. Diese wissenschaftliche Strenge in enger Verbindung mit menschlicher Zuwendung führten ihr viele Doktoranden zu, die in ihren Oberseminaren (den „Teeseminaren") – ganz in der Tradition Hans Ahrbecks – eine Schule wissenschaftlichen und kritisch prüfenden Denkens erlebten. Betrachten sie auf den Bildern die eigentümliche Neigung des Kopfes – beim Reden, beim Zuhören (das konnte sie wunderbar) – und dann kamen die Fragen. Wir haben damals noch nicht von objektiver Hermeneutik nach Ulrich Oevermann gesprochen – es war Ahrbecksche Hermeneutik. Wer dabei war, weiß wovon ich rede.

Ich wollte mit ihnen über einen Menschen, über eine Persönlichkeit, über Rosemarie Ahrbeck nachdenken, ihrer gedenken – wegen ihrer wissenschaftliche Solidität, ihrer Leistungen, ihres klugen Urteilens – und wegen ihrer menschlichen Integrität und Wärme.

Martin Kühnel (†)

Rede zum 80. Geburtstag von Hans Ahrbeck: Multum dabis, etiamsi nihil dederis praeter exemplum (Seneca)[1]

Nicht Früchte wissenschaftlicher Arbeit kann ich mit auf Ihren Gabentisch legen, sondern nur einen einfachen Strauß, lose zusammengefügt aus Erinnerungen, Eindrücken und Gedanken und gebunden durch Dankbarkeit. Aber keine panegyrisch üppige Blüte soll dazwischen sein, sondern nur Gewächse ehrlicher Empfindung. Dem Dekan perpetuus (so kann man fast sagen) der Pädagogischen Fakultät kann nicht neu sein, was der Assistent von damals gesehen hat, aber vielleicht werden dadurch letztlich doch gute Tage wieder lebendiger.

Ganz persönlich und einfach will ich damit anfangen, wie ich Sie kennenlernte. Als Studienreferendar im damals noch bestehenden Bezirksseminar, dem ich 1946/47 angehörte, mussten wir uns auch etwas mit Geschichte der Pädagogik befassen, aber wohl keiner von uns Referendaren nahm das sonderlich ernst. Auch geprüft werden sollten wir in dieser Disziplin, von einem Professor – Ahrbeck oder so ähnlich hieß er, keiner von uns kannte ihn. Uns wurde auch von Dr. Hanf, dem Seminarleiter, gesagt, er, der Professor, lege keinen Wert darauf, dass wir Kandidaten uns bei ihm vor der Prüfung vorstellten, was sonst damals meist noch üblich war. Was Wunder also, dass auch ich der Prüfung in Geschichte der Pädagogik mit wenig Sorge, ja mit gewisser Gleichgültigkeit entgegensah. Man durfte überdies ein Spezialgebiet angeben; viel darüber hinaus konnte wohl kaum in fünfzehn Minuten gefragt werden. Ich wählte August Hermann Francke als Spezialgebiet. Das Schicksal hatte mich in die Franckeschen Stiftungen verschlagen, historisches Interesse hatte ich von jeher, also lag es nahe, dass ich durch die Beschäftigung mit der Vergangenheit einiges über meinen neuen Umkreis erfahren wollte. Die Prüfung kam: der bis dahin gänzlich unbekannte Professor (und jetzt bediene ich mich am besten der Worte von Curt Goetz aus seinen Lebenserinnerungen) „trat auf die Szene. Das heißt, er trat nicht auf die Szene. Er hatte sich eingefunden, wollen wir sagen. Aber nachdem er sich einmal eingefunden hatte, war er nicht mehr wegzudenken. Seltsam!" Zuerst erschien mir nichts besonders beeindruckend, bald aber merkte ich: scharfe Augen „prüften" einen da. Sonst aber war es – welche Überraschung – keine „Prüfung", sondern ein anregendes Gespräch, das sich gern über die vorgeschriebene Prüfungszeit hätte ausdehnen können. Einmal stutzte ich flüchtig, als Sie bei einem Problem sagten: „Darüber können wir uns vielleicht später einmal eingehender unterhalten." Aber was

---

[1] Du gibst vieles, auch wenn Du nichts geben wirst, außer Deinem Beispiel (freie Übersetzung).

sollte das? Ich nahm es nur als gewisse Bestätigung für mein Gefühl am Ende der Viertelstunde: es ging ganz gut, er war wohl zufrieden mit dir.
Was mir so bei meiner allerersten Begegnung mit Ihnen widerfahren ist: dass man die Examination nicht als „Prüfung" empfindet, weil sie sich in einen lebendigen Gedankenaustausch zweier Partner verwandelt, haben viele Studenten auch erlebt. Wie oft habe ich in meinen Assistentenjahren bei Staatsexamina protokolliert, nicht nur bei Ihnen. Manches Mal zum Beispiel hat der gute und menschlich prächtige „Fejo"[= Prof. Dr. Ferdinand-Josef Schneider (1879-1954), Ordinarius für Germanistik an der Martin-Luther-Universität Halle-Wittenberg; Anm. d. Hrsg.], mich, den Protokollanten, gefragt: „Wie lange muss ich noch?" Bei Ihnen war es sehr oft umgekehrt: die Zeit reichte nicht. Aber das Erstaunlichste war dabei, wie häufig die Prüflinge überrascht oder gar enttäuscht waren, dass die Prüfungszeit schon um war. Das ist ein Beweis dafür, dass Sie wahrhaft ein Hochschullehrer waren, Lehrer in des Wortes bester Bedeutung. Mit sokratischer Mäeutik, die Sie gern Ihren Studenten erläuterten, haben Sie das Wissen der Studenten ans Licht der Welt gebracht und nicht wie schlechte Lehrer dem Prüfling bewiesen, was er nicht weiß. (Dass es freilich auch vorkam, dass Sie schließlich fast verzweifelt fragten: „Können Sie mir wenigstens irgend einen Pädagogen, ganz gleich, aus welcher Zeit, nennen?" – das war wirklich nicht Ihre Schuld.) Wenn es ein Gewinn war, von Ihnen zu lernen – es war auch noch ein Gewinn, von Ihnen geprüft zu werden. (In Klammern und im Vertrauen: wie viel habe ich durch das Protokollieren bei Ihnen erst selbst noch gelernt!). Wer so prüfen kann, dass man noch in der Prüfung Erkenntnisse gewinnt, der ist – frei nach Jean Paul, dessen „Preismenschen" Sie auch gern zitierten – ein „Preislehrer". Und dieser Qualität des „Preisprüfers" widersprach auch nicht, dass Sie Ihre gute Frau vor den Prüfungen ermahnte: „Leg Dein Gesicht in freundliche Falten!"
Für mich hatte die Prüfungsbegegnung mit Ihnen im wörtlichsten Sinn entscheidende Bedeutung. Hätte ich auch nur im Geringsten geahnt, was für mich von dieser Prüfung abhängen sollte, ich wäre nicht mit solcher Seelenruhe hineingegangen. Schon wenige Tage danach kam Frau Bewersdorff zu mir; ich kannte sie aus dem Studienseminar, sie hatte ein halbes Jahr vor mir ihr Assessorexamen abgelegt und war die erste Assistentin der Pädagogischen Fakultät geworden. In ihrer natürlichen, gewinnend offenen Art sagte sie etwa: „Herr Kühnel, ich soll Sie vorsichtig aushorchen, aber das kann ich nicht. Ich frage Sie gleich direkt: Möchten Sie Ahrbecks Assistent werden?" Ich war sprachlos und überglücklich. Wenn ich ehrlich bin, so kam im damaligen Augenblick meine Freude aus dem Gefühl, ausgezeichnet zu sein, und aus der Hoffnung auf eine erträumte wissenschaftliche Laufbahn, aber es war mir damals noch nicht bewusst, was es bedeutete, gerade Ihr Assistent zu werden. Wie schnell ich das begriff, kann ich heute nicht mehr sagen; aber eines weiß ich gewiss: als ich etwas die Pädagogische Fakultät kennen gelernt hatte, hätte mich kein anderes ihrer Teilgebiete

verlockt als die Geschichte der Pädagogik, und vor allem hätte mich innerhalb der Fakultät kein anderer „assistendus" angezogen als Sie. Dass Sie es damals taten, geschah für mich unbewusst, aber es war einer der großen Glücksfälle meines Lebens.

So wurde ich denn – chronologisch gemeint – der zweite Assistent der Pädagogischen Fakultät und der erste für Geschichte der Pädagogik. Aber ich war ja nicht nur für den Vertreter dieses Faches Assistent, sondern damit auch gleichzeitig Assistent des Dekans. Das wirkte sich auf meine Arbeit aus, dadurch konnte ich aber auch etwas hinter die Kulissen der Fakultät sehen, noch dazu Sie Ihren engeren Mitarbeitern gegenüber nicht mit Vertrauen geizten. Hinsichtlich der Arbeit kam ich mir ja zuweilen etwas wie das „Mädchen für alles" vor. Allerdings lag das zum Teil auch daran, dass an den höchsten Stellen, also im Staatssekretariat für Hochschulwesen, ähnlich wie die Studienpläne auch die Vorstellungen über die Funktion der Assistenten wechselten: mal hieß es, die Assistenten sollten als wissenschaftlicher Nachwuchs unbedingt promovieren, mal, nicht sie, sondern die Aspiranten seien die „wissenschaftlichen Reservekader", und nur in Ausnahmefällen sei einem Assistenten die Promotion als besondere Vergünstigung möglich.

Die Grenzen meines Arbeitsfeldes reichten vom Zusammenstellen des Vorlesungsverzeichnisses bis zum Besorgen der Geburtstaggeschenke für die Angehörigen des Lehrkörpers. Dazwischen lag sozusagen das große Mittelbeet, das ich wirklich mit Freude bebaute: die Sorge um die wissenschaftliche Literatur. Und das in zweifacher Hinsicht: einmal der Aufbau der Fakultätsbibliothek und dann – nun im wörtlichsten Sinne Assistententätigkeit – die Beschaffung der Literatur, die Sie für Ihre wissenschaftliche Arbeit brauchten. Was habe ich Ihnen herangeschleppt! Das klingt vielleicht nach Selbstlob, aber vielmehr steckt für mich der Gewinn dahinter, was für einen Überblick über die wissenschaftliche Literatur ich dadurch gewonnen habe. Heute darf ich Ihnen aber wohl auch verraten, dass es mich mit besonderem, sozusagen kindlichem Stolz erfüllte, wenn ich Ihnen nicht nur die gewünschten Bücher brachte, sondern – was freilich nicht häufig vorkam – für Sie etwas aufspüren konnte, was Sie noch nicht kannten. Oder wenn ich gar Neues entdeckte. Zum Beispiel weiß ich noch genau, wie ich auf den Buchtitel „Der Weg ins Leben" stieß. Wohl keiner in der Fakultät kannte den Namen Makarenko. Ich dachte, es könnte etwas Brauchbares oder Interessantes sein, und brachte es Ihnen. Und wie bald schafften wir dann das Buch in vielen Exemplaren an.

Dieses Beispiel möge aber auch die geistige Situation der Zeit kennzeichnen, nämlich, wie sich das Denken vom Alten, Traditionellen zum Neuen, Revolutionierenden gewandelt hat. (Freilich: manches damals als hochwichtig gepriesene Neue gehört heute schon – bibliothekarisch gesehen – nur noch zum archivarischen Bestand, etwa Jessipow/Gontscharow oder Georg Lukàcs und andere.) Sie aber zögerten nicht, sich mit dem Neuen gründlich auseinanderzusetzen, und das in einem Maße, dass ich Sie im Stillen manchmal bewundert habe.

Überhaupt war ich immer wieder – neidvoll, muss ich gestehen – erstaunt, welche Buchmengen Sie „vertilgen" konnten. Aber Ihre Kost war ja auch nicht einseitig; sie reichte von der Literatur Ihres Faches über die anderen Wissenschaftszweige, über die beste Belletristik bis hin zur „anständigen Leiche vor dem Einschlafen".

In den Erinnerungen darf allerdings auch nicht fehlen, dass ich Ihnen nicht nur Literatur brachte, sondern dass ich manchmal auch Mühe hatte, Ihnen die Bücher wieder zu entführen! Ja, zuweilen kam es auch vor, dass Ihnen jemand Bücher „verräumt", „nicht zurückgegeben" oder gar „gestohlen" hatte. Wenn ich dann fragte, ob ich mal suchen dürfte, fand sich das Vermisste meist schnell in Ihren Regalen, worauf Sie mit großartiger Selbstverständlichkeit „Freilich, da ist es ja!" oder etwas ähnliches sagten. Aber diese (ich möchte sagen) paradoxe Selbstverständlichkeit erscheint mir gerade als ein liebenswertes Zeichen Ihrer Freiheit.

Ich erwähnte vorhin die Geburtstagsgeschenke für die Lektoren, Dozenten und Professoren der Fakultät. Dieser Brauch drückt doch so deutlich den damaligen Zustand der Fakultät aus: in der Erinnerung – aber wohl nicht nur durch deren verklärenden Schleier – erscheint die Fakultät wie eine große Familie. Wie in einer echten Familie gab es ja auch einen bestimmenden Mittelpunkt: Sie und – wer, der sie gekannt hat, könnte sie je vergessen – Ihre liebe Frau. Es war Zufall und doch symbolisch zugleich: Sie wohnten ja auch im Zentrum der Fakultät, bescheiden genug freilich (ob sich irgendeiner Ihrer Kollegen mit so primitiven Verhältnissen begnügt hätte?), aber eben doch im Mittelpunkt. Und der Gedanke der „Fakultätswäscherei" war nicht nur ein skurriler Einfall, sondern ein Ausdruck der Zusammengehörigkeit. Dem widerspricht auch nicht, dass es – so, wie Herr Bewersdorff den Gedanken der „Wäscherei" in die Karikatur umgesetzt hat – in einer solchen „Sippe" neben friedlicher Zusammenarbeit auch Boshaftigkeit gibt.

Von solchem „Familienärger" hatten Sie ja auch ein gerüttelt Maß zu spüren. Soll ich einiges erwähnen? Fräulein Wernickes Tränen, Hinsches Zeitungsränder, die teure Treppe im Musikinstitut? Aber von solchen Widrigkeiten befreiten Sie sich, wenn Sie – für weniger Beteiligte nur höchst vergnüglich – mit prächtigem Erzähltalent beispielsweise vom jüngsten Ärger mit „Piiiersig" der „Wewewewerle" berichteten. Zeitraubend war das für Sie, und manchmal stöhnten Sie: „Diese Musiker! Die brauchten einen ganzen Dekan für sich allein!" Ausgerechnet die Musiker mussten Ihnen, dem großen Musikfreund, -kenner und -könner solchen Ärger bereiten! Aber er war wohl doch noch harmlos im Vergleich mit dem „Übermut der Ämter", über den Sie oft klagten. Sie wissen es besser als ich, womit Sie sich rumschlagen mussten. Ein ziemlich harmloses Beispiel fällt mir ein:

Abb. 2: Ullrich Bewersdorff: Die Pädagogische Fakultät als Wäscherei (1951)

Legende zur Karikatur von Ullrich Bewersdorff:

Obere Reihe:	Dr. Ernst Reimert (Physikmethodiker)
	Prof. Dr. Richard Wittsack (Sprechwissenschaftler)
	Prof. Dr. Kurt Prautzsch (Sonderpädagoge)
	Doz. Dr. E. Scherping (Englisch/Französisch-Methodiker)
	Herr Pietzker (Mathematikmethodik)
Links außen:	Herr Leonhard (Lektor für Kunsterziehung)
Rechts außen:	Elisabeth Ahrbeck
Untere Reihe:	Prof. Dr. Hans Ahrbeck (Dekan der Pädagogischen Fak.)
	Dr. Hildegard Bewersdorff (erste Assistentin Ahrbecks)
	Prof. Conrad Felixmüller (Universitätszeichenlehrer)
	Prof. Dr. Georg Hinsche (Körperl. Erz. u. Schulhygiene)
Im Mittelpunkt:	Herr Korge (Einführung in die Schulpraxis)

(Dame am Wasserhahn: noch unbekannt)

Wie bemühten wir uns, die Druckgenehmigung für eine kleine Schrift zur 250-Jahr-Feier der Stiftungen zu bekommen, was für Streit, was für Laufereien hatte das gekostet – und dann war doch alle Mühe vergeblich!
Mehr noch aber als diese Unleidlichkeiten um letztlich doch nur äußere Dinge erregte Sie bestimmt, wenn Sie mit Ihrer Erfahrung und Weitsicht sehen mussten, wie Unvernünftiges zum Schaden der Ihnen anvertrauten zukünftigen Lehrer geschah. Ich denke nur an den Streit um das Ein-Fach-Studium.
Behaupte ich etwas Falsches, wenn ich sage, dass Ihnen das Amt des Dekans eigentlich eine Last war? Viel wohler hätten Sie sich gefühlt, wenn Sie sich nur wissenschaftlicher Arbeit hätten widmen können. Und Sie atmeten auf, als Sie Max Gustav Lange für ein Jahr im Amt ablöste. Aber für die Fakultät konnte es nichts besseres geben, als dass an ihrer Spitze ein Wissenschaftler und Mensch stand, der durch die Wertschätzung, die er bei seinen Kollegen der „traditionellen" Fakultäten genoss, auch der jungen Fakultät selbst zu Ansehen verhalf.
Das „Familiäre", von dem ich vorhin sprach, beschränkte sich nicht nur auf den Lehrkörper, sondern die Studenten waren mit einbezogen. Was vor allem heute immer wieder gefordert wird: dass auch der Hochschullehrer sich um den Menschen in seinem Schüler bemühen soll – Sie taten es unverlangt, aus Ihrer angeborenen pädagogischen Verantwortung heraus. Ich glaube, Sie als Professor haben mehr „persönliche Gespräche" (wie es in den Forderungen, die dem Lehrer gestellt werden, heißt) mit Ihren Studenten geführt als mancher Klassenleiter mit seinen Schülern. Auch dabei wirkte Ihre liebe Frau in ihrer selbstverständlichen Mütterlichkeit segensvoll mit. Erinnern wir uns als Beispiel für das Gefühl der Zusammengehörigkeit der fröhlichen Höhen: der Fakultätsfeste im kleinen Kreis im Hauptgebäude der Stiftungen oder im größeren Rahmen etwa im Bootshaus Böllberg oder in der Mensa. Ist es romantische Übertreibung, wenn ich sie als „Familienfeste" bezeichnen möchte? Und die bittern Tiefen – ich brauche Ihnen keine Namen zu nennen – wie hat Sie das harte Los mancher Studenten bewegt.
Rückblickend will es mir manchmal erscheinen, als ob paradoxerweise die harten Notjahre der Nachkriegszeit in einem tieferen, inneren Sinne die besten Jahre gewesen wären. Gerade durch die Not war die Hoffnung auf Besserung umso größer, und diese Hoffnung beflügelte. Was für Schwung, was für Arbeitseifer und Lernwillen zeigten die ersten Studentenjahrgänge nach dem Krieg!
Und welch glückliche Konstellation: diese wissensdurstige Jugend traf auf einen Lehrer wie Sie!
Schon als ich mich Ihrer Prüfungen erinnerte, sagte ich: Sie waren wirklich ein Hochschullehrer. Sie wissen es selbst genau: es gibt Professoren, unumstrittene Kapazitäten ihres Faches, die – man muss es schon so ungeschminkt sagen – jämmerliche Vorlesungen halten. Aber auch die Hoch-

schule ist letzten Endes eine Schule. Was hat ihr Schüler, der Student, für einen Gewinn von den Vorlesungen solcher Kapazitäten? Ihre Vorlesungen waren nicht von der Art. Den größten Hörsaal brauchten Sie, weil sich die Studenten drängten, um zu lernen. Und nicht nur die Studenten der Pädagogischen Fakultät, nicht nur die, zu deren Studienplan Ihre Vorlesungen gehörten, kamen. Sie verstanden es, der akademischen Jugend der Nachkriegsjahre zu geben, wonach sie dürstete, Sie lasen „nur" „Geschichte der Pädagogik" und entwarfen ein großartiges Bild der Entwicklung des menschlichen Geistes, der denkerischen Probleme von der Antike bis zur Gegenwart und vermittelten so im besten humanistischen Sinne Allgemeinbildung. Damit lehrten Sie die jungen Menschen sowohl Achtung vor allem geistigen Bemühen als auch bedachte Kritik gegenüber anmaßenden ideologischen Ansprüchen. Wo hatte die junge Generation, die in den Nachkriegsjahren die Hörsäle füllte, davon schon etwas erfahren, und wo konnte sie es gleichzeitig erfahren? Der Andrang zu Ihren Vorlesungen bewies, dass Sie ein echtes Bedürfnis befriedigten. Ich bin überzeugt, dass Ihnen viele dankbar dafür sind, auch wenn sie es Ihnen nie gesagt haben. Ich glaube nicht, dass die Zahl Ihrer akademischen Kollegen groß ist, die dasselbe von sich sagen können. Und das kann Sie mit mehr Stolz erfüllen als alle äußeren und offiziellen Ehrungen.

Wenn ich die Wahl hätte, mir wissenschaftlichen Ruhm durch dickleibige wissenschaftliche Werke zu erwerben oder durch unmittelbar lebendig ausstrahlende Weitergabe der Erkenntnis – ich würde das letzte wählen.

Darf ich es trotzdem sagen? Nicht nur ich habe bedauert, dass Sie das, was Sie lehrend geboten, nicht auch schriftlich niedergelegt haben. Ihre Zurückhaltung in dieser Hinsicht ist begreiflich, abgesehen von den äußeren Schwierigkeiten, die die Ungunst der Verhältnisse mit sich brachte. Was Sie aber veröffentlicht haben, sehe ich – wenn ich mir ein solches Urteil anmaßen darf – als Vorbild dafür an, wie man gedrängt, wahrhaft verdichtet und dabei so klar und verständlich Bedeutendes sagen kann. Als Beispiel dafür denke ich an Ihre Aufsätze über August Hermann Francke, Christian Wolff und August Hermann Niemeyer.

Diese spiegeln wider, was den einen Teil Ihrer Wirkung als akademischer Lehrer ausmachte: Ihre Geistigkeit, ich möchte sagen: Ihre Denkstruktur, wie sie der Künstler so sicher erkannt und so unübertrefflich dargestellt hat. Ich meine Conrad Felixmüllers Bild von Ihnen. Wie er Sie in das quadratisch wirkende Format sozusagen mathematisch klar und logisch hineingestellt hat, zusammengerafft und – doch unverkrampft – gespannt: das ist das Bild eines Wissenschaftlers, das ist der kritische, unbestechliche Denker Ahrbeck!

Abb. 3: Foto des Gemäldes von Conrad Felixmüller:
Prof. Dr. Hans Ahrbeck (1950).

Und doch ist für mein Empfinden etwas in diesem Bild zu kurz gekommen: der Mensch! Ohne Ihr Menschsein wäre Ihre Anziehungs- und Ausstrahlungskraft als akademischer Lehrer nicht zu klären. Von mir ganz persönlich gesagt (aber ich spreche dabei bestimmt nicht nur für mich): Mir wären die Jahre, die ich bei Ihnen gearbeitet habe, nicht so wertvoll, wenn ich Sie nicht so unmittelbar als Menschen hätte kennen lernen dürfen. Ich war nur Ihr Assistent, aber nie haben Sie mich dieses „Nur" spüren lassen; für Sie gibt es kein solches „Nur".

Nun bin ich wohl doch in den Ton einer Laudatio verfallen, die ich eigentlich gar nicht schreiben wollte. Lassen Sie mich deshalb wieder vom Maestoso zum Giocoso übergehen. Und zwar gleich mit einem kühnen, heiteren Sprung, so, wie seine Spektabilität beim Lever, das je meist zu vorgerückter Stunde und zuweilen unter großer Assistenz stattfand, aus dem Bett sprang. Ich weiß nicht mehr genau, wer anwesend war; bestimmt war auch Frau Becker dabei. Sie lagen im Bett, soweit wir sehen konnten, im Nachthemd. Da wollten Sie ein Buch suchen. Tatsächlich: Sie hoben die Bettdecke, um aus dem Bett zu springen, und – hatten doch schon Hosen an!

Solche – Verzeihung! – Lausbübereien sieht man dem Felixmüllerschen Ahrbeck nicht an, zum Beispiel auch nicht die Lust an Namensverdrehungen, wenn etwa „Schmalfuß" zu „Langbein" oder „Breitkopf" wurde. Mit welch behaglichem Vergnügen verstanden Sie aber auch „Außerordentliches" zu erzählen. Obwohl ich nicht dabei war, sehe ich jetzt förmlich die Sonde in Ihrem Oberschenkel wippen, die der gute Zahnarzt Dr. Scharfe Ihnen da hineinpraktiziert hatte! So würzten Sie auch oft mit Ihrer „Lust zu fabulieren" die Geselligkeit bei Ihnen. Die Speisen freilich, die Ihre fürsorgliche Frau bot, bedurften keiner Würze mehr. Wie vortrefflich hat sie immer für das leibliche Wohl gesorgt, je nachdem, wie es die Verhältnisse erlaubten. Denn auch ein Grüner-Bohnen-Eintopf war für uns damals – es wird wohl 1948 bei unserer ersten Einladung bei Ihnen gewesen sein – ein lukullischer Genuss. Auch im Hörsaal fehlte die Heiterkeit nicht. Erinnern Sie sich zum Beispiel noch an das Gelächter, das Sie – allerdings wohl unfreiwillig – hervorriefen, als Sie in der Vorlesung fragten: „Hat jemand meinen Hut gesehen? Er soll grau sein."

In diesem so menschlichen Bilde fehlte aber noch etwas, wenn man vergäße (ich deutete es schon an), wie bescheiden Sie damals zunächst in zwei schmalen Zimmern im Dekanat „wohnten" und wie Sie mit dem Rucksack auf dem Rücken zwischen Halle und Magdeburg hin und her gefahren sind. Wegen dieser Selbstverständlichkeit, mit der Sie das taten, wegen dieses Unbekümmertseins um Äußerlichkeiten habe ich Sie noch mehr geachtet, ja bewundert. Heute zu Ihrem 80. Geburtstag darf ich das wohl aussprechen.

Und noch mehr!

Ich habe durch Sie gelernt, worin innere Freiheit, wahre Vornehmheit, aus echter Leistung stammende Größe besteht. Viel Fachwissen haben Sie mir vermittelt, aber das ist noch der geringste Gewinn. Sie selbst beschränkten Ihre Interessen so wenig auf das Gebiet Ihres Lehrauftrages an der Universität, dass man es beinahe als Zufall ansehen könnte, dass aus Ihnen ausgerechnet ein Professor der Pädagogik geworden ist. Es war ja auch nicht Ihr von Jugend aus gestecktes oder erträumtes Lebensziel. Je näher ich Sie kennen lernte, desto mehr war ich erstaunt, wovon Sie nicht nur eine Ahnung, sondern genaue Kenntnis hatten. So weitete sich auch mein Blickfeld. Und in welche Lebenskreise führten Sie mich ein: in vielen guten Gesprächen erzählten Sie und Ihre Frau von Menschen, denen ich nie begegnen konnte und die ich doch kennen lernte: ich nenne nur Ihren von Ihnen so verehrten Schwiegervater. Viel an Lebenserfahrung habe ich dadurch gewonnen. Für all das muss und darf ich Ihnen heute nun doch danken, wenn sich dabei auch der bunte Strauß in einen Lorbeerkranz zu verwandeln droht. Aber daran sind Sie selbst schuld, eben weil Sie Ahrbeck sind.

Lassen Sie mich meinen Dank aussprechen, indem ich Senecas Wort, das ich als Überschrift gewählt habe, abwandle – und ich bin gewiss, dass viele einstimmen werden:

Multum dedisti, etiamsi nihil dedisses praeter exemplum.[2]

---

[2] Du gabst vieles, auch wenn Du nichts gegeben hättest, außer Deinem Beispiel (freie Übersetzung).

Berthold Ebert

Jan Amos Comenius in der historisch-pädagogischen Lehre Hans Ahrbecks

Wer sich mit Leben und Werk des Jan Amos Comenius näher beschäftigt hat, weiß, daß das Begriffspaar Comenius und Halle unterschiedlich besetzbar ist. Einmal ist es der ehemalige Schüler der Franckeschen Stiftungen, Graf Nikolaus Ludwig von Zinzendorf (1700-1760), der in Herrnhut im Lausitzer Bergland den aus ihrer Heimat vertriebenen Mitgliedern der Brüdergemeinde Schutz gewährte, zum anderen ist es der 1937 erfolgte sensationelle „Hallesche Fund" des Manuskriptes der „Allgemeinen Beratung über die Verbesserung der menschlichen Dinge" im Archiv der Franckeschen Stiftung. Schließlich war Halle bis zu seiner Emeritierung der wissenschaftliche Wirkungsort des international bekannten deutschen Comeniologen Franz Hofmann, Ehrenmitglied der Deutschen Comenius-Gesellschaft.
Weniger bekannt dürfte sein, daß mit Hans Ahrbeck (1890-1981) an der Martin-Luther-Universität Halle-Wittenberg seit 1. April 1946 ein Historiker der Pädagogik wirkte, dessen eigentliche Leistung sicher der Aufbau der Pädagogischen Fakultät und damit der Lehrerbildung an der Universität Halle-Wittenberg nach dem 2. Weltkrieg ist, der aber auf der Suche nach tragfähigen Traditionen für seine Vision von der Einheitsschule und dem Einheitslehrer – sicher entstanden während seiner Tätigkeit an den Preußischen Akademien für Lehrerbildung in Breslau und Halle zwischen 1929 und 1933, im geistigen Umfeld Adolf Reichweins und der Nohl-Schülerin Elisabeth Blochmanns – der „Großen Didaktik" von Comenius begegnete, die er 1957 in einer Neubearbeitung des Textes von C. Th. Lion (1875) in der „Pädagogischen Bibliothek" des Volk und Wissen Verlages Berlin herausgab.
Hans Ahrbeck wurde am 14. Mai 1890 in Hannover als einziges Kind einer Apothekerfamilie geboren. In der Gedankenwelt der klassischen deutschen Literatur aufwachsend, das humanistische Gymnasium besuchend, entwickelt er frühzeitig auch musikalische, naturwissenschaftliche und literarische Interessen. Unter dem Einfluß Edmund Sträters[1], Oberlehrer in Magdeburg, dessen Tochter Elisabeth er 1915 heiratete, studierte Hans Ahrbeck Germanistik, Geschichte, Religionswissenschaften und Philosophie (1910-1914, 1919-1920) an den Universitäten Leipzig, Gießen und Göttingen. Seine Professoren sind der Psychologe W. Wundt, die Germanisten Sievers, Witkowski, Köster, Schröder und Weissenfels, die Theologen Hauck, Krü-

---

[1] Der Magdeburger Gymnasialprofessor Edmund Sträter wird nach Werner Helwig (Die blaue Blume des Wandervogels. Gütersloh 1960, S. 35) unter Berufung auf ein Manuskript von Hermann Hoffmann-Fölkersamb als ein früher Anreger der Wandervogelbewegung geschildert.

ger und Gunkel, die Historiker Lamprecht, Haller, Brandi und Max Lehmann.

In seiner handschriftlichen Autobiographie bis zum Jahre 1920[2] bewertete Ahrbeck die These Lehmanns, daß „alle geschichtlichen Vorgänge unter dem Blickwinkel der Moral" zu sehen seien, als „ein wenig kindlich". Doch dieser Lehmannsche historische Ansatz läßt Ahrbeck nicht los, er prägt seine spätere Lehr- und Forschungstätigkeit in der Erziehungsgeschichte. Vielleicht zufällig„ aber doch bemerkenswert, äußert er sich in dem Aufsatz „Komenskys Werk: Nostra res agitur?" zur Frage nach dem Erkenntniswert der Geschichte: „Denn beständig ist die lebendige Tradition in Bewegung. Sie wird immer wieder befragt, verworfen oder – meist modifiziert – angenommen; immer wieder wird neu ausgewählt, neu geordnet, neu akzentuiert. Immer geht es letztlich darum, im Einzelfall zu entscheiden, ob und wie dieses oder jenes Kulturerbe für uns fruchtbar zu machen sei, damit es nicht toter Besitz bleibe."[3]

1920 schließt er das Studium mit der „wissenschaftlichen Prüfung für das Lehramt an höheren Schulen" ab. Danach wird er Lehrer an einer privaten höheren Mädchenschule, später einer städtischen höheren Lehranstalt in Magdeburg.

1925 promoviert er in Göttingen zum Dr. phil. mit seiner Arbeit „Wilhelm Raabes ´Stopfkuchen´ - Studien zu Gehalt und Form von Raabes Erzählungen".[4]

Während seiner Tätigkeit als Lehrerbildner von 1929-1933 an den Pädagogischen Akademien in Breslau und Halle erschließt sich ihm „erst die ganze Weite des pädagogischen Horizontes, insofern nun auch die Volks- und Hilfsschule in den Blickpunkt meines Interesses traten."[5] 1933 geht er in den höheren Schuldienst nach Magdeburg zurück. Nie Mitglied der NSDAP werdend, gemeinsam mit seiner Frau Elisabeth „jüdischen Mitbürgern, Anhängern der Bekennenden Kirche, illegal arbeitenden Sozialdemokraten und Kommunisten Schutz, Zuflucht und Unterstützung"[6] gewährend, gerät das Ehepaar Ahrbeck unter Observation durch die Gestapo. Hier wird das

---

[2] Hans Ahrbeck: Autobiographie (handschriftl.) DIPF/BBF, Archiv: Nachlaß Hans Ahrbeck.

[3] Hans und Rosemarie Ahrbeck: Komenskys Werk: „Nostra res agitur?". In: Acta Comeniana: Revue Internationale des Etudes Comeniologiques 3. Separatum. Prag 1972, S. 139.

[4] Hans Ahrbeck: Wilhelm Raabes Stopfkuchen – Studien zu Gehalt und Form von Raabes Erzählungen. Borna/Leipzig o. J.

[5] Hans Ahrbeck: Lebenslauf ohne Datum. Universitätsarchiv Halle (UAH), PA 00261 Hans Ahrbeck.

[6] Dora Melzer: Hans Ahrbeck – der langjährige Dekan der Pädagogischen Fakultät. In: Die Pädagogische Fakultät im Prozeß der revolutionären Umgestaltung im Bildungswesen. Hrsg. von J. Gebhardt. Wissenschaftliche Beiträge der Martin-Luther-Universität Halle-Wittenberg 1988/63 (E 92). Halle 1988, S. 47.

humanistische Bekenntnis Hans Ahrbecks deutlich, das Würde und Freiheit des Menschen „Ausdruck jener humanistischen Gesinnung" sei, „die, nicht gebunden an eine bestimmte historische Epoche, zu allen Zeiten einzelne Menschen unterschiedlicher Herkunft und Bildung auszeichnet."[7] So bleibt er einfacher Soldat im 1. Weltkrieg, weil er es „ablehnte, Offizier zu werden"[8], so bewahrt er seine humanistische Gesinnung in Lehre und Lebenspraxis während des Nationalsozialismus, so gerät er durch seine Mitgliedschaft zum „Spirituskreis", einer Vereinigung von zwölf christlichen Professoren an der halleschen Universität, die den Einfluß der liberalbürgerlichen Professorenschaft auf die zunehmend machtpolitisch orientierte sozialistische Hochschulpolitik zu sichern suchte und der deshalb „Untergrabung und Beseitigung der sozialistischen Ordnung in der Deutschen Demokratischen Republik"[9] vorgeworfen wurde, in das Visier der Staatssicherheit der DDR, pikanterweise mit dem Vermerk im Ermittlungsauftrag vom 8. 4. 1958, „unbedingt konspirativ" tätig zu werden, da „Ahrbeck gewisse Erfahrungen in der konspirativen Arbeit" habe, womit auf seine Gestapo-Überwachung hingewiesen wird.[10]

Das Ende des 2. Weltkrieges, das Ende der nationalsozialistischen Diktatur reflektiert Hans Ahrbeck zum 10. Jahrestag der Wiedereröffnung der Universität Halle-Wittenberg am 20. 3. 1956 in seiner Festrede:

> „Mitte April war es soweit. Die Stadt Halle erlebte die totale Katastrophe des totalen Krieges, den der Unmensch gegen die Menschheit geführt hatte […]. Schlimm war die äußere Zerstörung, schlimm, viel schlimmer die moralische Verwüstung. Seit Jahren brannte in unseren Herzen die Scham über die Schande, mit der das Hitlerregime den deutschen Namen befleckt hatte. Jetzt atmete man frei, der furchtbare Druck des Schreckensregiments und des Krieges hörte auf. Hitler, wie ein böser Geist aus dem Nichts aufgetaucht, verschwand wieder im Nichts. Ein neues, besseres Leben gedachten wir in unserem Vaterlande aufzubauen, ein Leben der Freiheit, der Völkerversöhnung, der Menschlichkeit, der Demokratie."[11]

In diesem Sinne stellte sich Ahrbeck dem Aufbau eines antifaschistisch-demokratischen Bildungswesens zur Verfügung, wurde er 1945 Oberschulrat in Magdeburg, dann am 1. 4. 1946 Ordinarius für Erziehungswissen-

---

[7] Ebenda, S. 42 f.
[8] Hans Ahrbeck: Lebenslauf vom 5. 9. 1966, UAH, PA 00261 Hans Ahrbeck.
[9] MfS/BV Halle, Ref. XII/Archiv, Archiv-Nr. 46/59, Band 2a. Abt. VIII: Ermittlungsauftrag Prof. Dr. Hans Ahrbeck – Stufe III, vom 8. 4. 1958 (Kopie BStU 000079).
[10] Ebenda.
[11] Hans Ahrbeck: Festrede zur Feier des 10. Jahrestages der Wiedereröffnung der Universität Halle-Wittenberg. In: Wissenschaftliche Zeitschrift der Universität Halle, Ges.-Sprachw. Reihe V/5, 1956, S.763.

schaften an der aufzubauenden Pädagogischen Fakultät und zugleich nach der Absage von Peter Petersen ihr Dekan.
Für mich, heute so alt wie Hans Ahrbeck als Gründungsdekan, ist und bleibt faszinierend, wie er seine humanistische Grundhaltung im Wechsel der Geschichte bewahrte, sie an seine Studenten weiterzugeben versuchte, sie zum eigentlichen Motiv seines wissenschaftlichen, seines pädagogischen Wirkens machte. So ist seine Festrede zur Eröffnung der Pädagogischen Fakultät am 2. Februar 1947 der emotionale Höhepunkt für 200 Lehrerstudenten am Anfang ihres Studiums und zugleich pädagogische Standortbestimmung.
Ahrbeck versucht, das Wesen des Menschen zu bestimmen, das durch den Nationalsozialismus in Frage gestellt war:

> „Außer den Trümmern, Not und Elend hat uns die vergangene Epoche eben eine ungeheure Enttäuschung an Menschen, mehr noch: das Entsetzen vor den Menschen hinterlassen [...]. Wie war es doch? Als die Zeit der Bewährung kam, da sah es aus, als wenn die Ideale der Gerechtigkeit, der Wahrhaftigkeit, der Humanität ihre Wirkkraft verloren hätten [...]. Wir erlebten einen Abfall von uns selbst, wie ihn nie jemand für möglich gehalten hätte. Nicht einmal die Berufsehre hielt den Angriffen dunkler Gewalten stand. Da waren Ärzte, die nicht heilten und Leben retteten, sondern töteten und verstümmelten [...]. Da waren Lehrer, die wissentlich Unwahrheit lehrten, da waren Erzieher, die den Samen des Hasses und der Verachtung aussäten, weil es so befohlen war."[12]

Aus diesem Zweifel entwickelt Ahrbeck die Überzeugung, daß man aus der Menschenverachtung heraus nicht leben, nicht erziehen könne. J. H. Pestalozzis „Nachforschungen über den Gang der Natur in der Entwicklung des Menschengeschlechts" halfen Ahrbeck, den Glauben an den „höheren, sittlichen Zustand" der Menschen wiederzugewinnen. „Daher haben wir den Mut, zu leben und zu erziehen getrosten Herzens; denn es bestätigt sich uns der Glaube: der Mensch ist nicht nur das wandelbare, umfallende, tiersinnige Wesen, sondern auch das Wesen, das sich selbst zur Aufgabe gestellt ist."[13]
Mit dieser humanistischen Einstellung war Ahrbeck Erziehungshistoriker und Förderer einer „fortschrittlich demokratischen Pädagogik."[14]

---

[12] Hans Ahrbeck: Ansprache zur feierlichen Eröffnung der Pädagogischen Fakultät an der Martin-Luther-Universität Halle-Wittenberg, UAH, Rep. 21 B, Nr. 84, Päd. Fak. 1946/47. Ansprachen, Festreden. Veröffentlicht in: Student sein, das war was – Die Anfänge der Pädagogischen Fakultät in Halle von 1945-1954. Hrsg. vom Fachbereich Erziehungswissenschaften in Halle. Halle 1998, S. 21.
[13] Ebenda, S. 23.
[14] Vgl. Anm. 8.

Wer wie er aus diesem Ethos heraus die Geschichte der Pädagogik lehrend und forschend hinterfragt, begegnet fast zwangsläufig Person und Werk des Jan Amos Comenius.
Ahrbecks sehr breit angelegtes historisch-pädagogisches Lehrangebot der Studienjahre 1946/47 bis 1951/52 umfaßt folgende Vorlesungen, Seminare und Übungen:

Wintersemester 1946/47
Vorlesung: Pädagogische Strömungen des 20. Jahrhunderts (1. Teil)
Übung: Zur Pädagogik Kerschensteiners

Sommersemester 1947
Vorlesung: Pädagogische Strömungen des 20. Jahrhunderts (2. Teil)
Übung: Über die Arbeitsschule
In diesem Semester bietet H. H. Becker eine Übung zur Allgemeinen Didaktik an: Die Große Unterrichtslehre des Comenius und ihre Bedeutung für die Gegenwart

Wintersemester 1947/48
Vorlesung: Geschichte der Pädagogik von der Reformation bis zu den Philanthropen
Übung: Über August Hermann Francke

Sommersemester 1948
Vorlesung: Geschichte der Pädagogik: Aufklärung, Neuhumanismus und Idealismus
Übung: Über die Pädagogik des Pietismus und der Aufklärung

Wintersemester 1948/49
Vorlesung: Geschichte der Pädagogik des 19. und 20. Jahrhunderts
Übungen: Über Rousseau;
Zu dem Problem Pädagogik als Wissenschaft

Sommersemester 1949
Vorlesung: Geschichte der Pädagogik: Altertum und Mittelalter
Übungen: Pestalozzi als Sozialpädagoge (Teil 1);
Über Fröbels Pädagogik

Wintersemester 1949/50
Vorlesung: Geschichte der Pädagogik von der Reformation bis zu den Philanthropen
Übungen: Pestalozzi als Sozialpädagoge (Teil 2);
Über die Pädagogik des Auslands im 20. Jahrhundert (Teil 1);
Über die didactica magna des Amos Comenius

Sommersemester 1950
Vorlesung: Geschichte der Pädagogik von der Aufklärung bis zur Mitte des 19. Jahrhunderts
Übungen: Über die Pädagogik des Auslands im 20. Jahrhundert (Teil 2);
Über die Pädagogik der Aufklärung;
Über die Pädagogik des Amos Comenius

Wintersemester 1950/51
Vorlesung: Geschichte der Pädagogik von der Mitte des 19. Jahrhunderts bis zur Gegenwart
Übungen: Über die Pädagogik der französischen Revolution;
Zur Geschichte der sowjetischen Pädagogik

Sommersemester 1951
Übungen: Zur Reformpädagogik;
Zur Geschichte der sowjetischen Pädagogik;
Über Neuerscheinungen der pädagogischen Literatur

Wintersemester 1951/52
Vorlesung: Geschichte der Pädagogik von der Zeit des aufsteigenden Bürgertums bis zur Gegenwart (Teil 1)
Übung: Über die Pädagogik des Amos Comenius

Sommersemester 1952
Vorlesung: Geschichte der Pädagogik von der Zeit des aufsteigenden Bürgertums bis zur Gegenwart (Teil 2)
Übung: Über die Pädagogik Diesterwegs

Anzumerken ist bei diesem zunächst rein statistischen Nachweis der Ahrbeckschen historisch-pädagogischen Lehre, daß in diese noch bis zum Sommersemester 1952 sehr regionale oder spezifisch hallesche Lehrstruktur ab dem Wintersemester 1950/51 zentral verfügte Eingriffe erfolgen, zunächst der verstärkte Einbezug der sowjetischen Pädagogik, später (ab dem Wintersemester 1951/52) das obligatorische gesellschaftswissenschaftliche Studium.

Analysen von Studienbüchern aus den ersten vier Matrikeln von Lehrerstudenten nach der Eröffnung der Pädagogischen Fakultät haben, daß das erziehungshistorische Angebot (zu ergänzen um die Lehrangebote von Albert Reble und Hans Fuchs) mit 18 bis 26 Semesterwochenstunden im Gesamtstudium genutzt wurde.[15]

---

[15] Bis zur Ausgliederung der Unterstufenlehrerausbildung in die Institute für Lehrerbildung 1950/51 strebte Ahrbeck nach dem „Einheitslehrer für die Einheitsschule", d. h. die an der Pädagogischen Fakultät immatrikulierten Studenten wurden

Mit dem Studienjahr 1952/53 erfolgt eine generelle Neustrukturierung der pädagogisch-psychologischen Ausbildung der Mittel- und Oberstufenlehrer in obligatorische und fakultative Lehrangebote, die über die Auflösung der Pädagogischen Fakultät 1955 und die Emeritierung von Hans Ahrbeck am 31. 8. 1957 (er lehrt noch bis zum Sommersemester 1958) auch die Lehrgestalt der „Geschichte der Erziehung" (so jetzt die Bezeichnung) an der Martin-Luther-Universität Halle-Wittenberg verändert. Von nun an liest Ahrbeck im obligatorischen Angebot jeweils im Wintersemester „Geschichte der Erziehung", Teil 1 und im Sommersemester Teil 2, ergänzt durch ein „Seminar zur Geschichte der Erziehung" (1-stündig) in jedem Semester. Im fakultativen Angebot finden sich in der Folge der Semester Spezialseminare zu Pestalozzi (über 2 Semester), zum Gedanken der nationalen Erziehung um 1800 sowie einstündige Spezialvorlesungen zu Themen wie „Pädagogik der deutschen Klassik", „Bildungsgeschichte des Mittelalters von Augustin bis zum Beginn der Renaissance", „Große Pädagogen des 19. Jahrhunderts" oder „Reformpädagogik".

Im Mittelpunkt der historisch-pädagogischen Lehre seit dem Wintersemester 1952/53 steht mithin die über zwei Semester konzipierte Vorlesung zur Geschichte der Erziehung (29 Paragraphen), die von der „Erziehung bei den primitiven Völkern" bis zur „Reformpädagogik des 20. Jahrhunderts" einen Überblick über die Entwicklung pädagogischen Denkens und Handelns gibt.[16]

Für eine Analyse der Comenius-Rezeption in der historisch-pädagogischen Lehre von Ahrbeck stehen uns nachfolgende Quellen zur Verfügung:

1. Programm der Vorlesung für das Wintersemester 1947/48 zur Vorlesung „Geschichte der Pädagogik von der Gegenreformation bis zu den Philanthropen".

2. Vorlesungsmitschriften von Heinz Grassel (später Professor für Pädagogik in Rostock), von Günter Schulze (später wiss. Mitarbeiter am Institut für Pädagogik in Halle) und Werner Piechoki (später Stadtarchivar in Halle) zur Vorlesung im Wintersemester 1949/50.

3. Übersicht über die Referatthemen, ein Stundenbericht und Thesen für ein Referat von der Comenius-Übung im Wintersemester 1951/52.

Lehrer für die Klassen 1-8 der Grundschule, ausgebildet in einem wissenschaftlichen Fach und in Didaktik der Unterstufe. Ahrbecks Anspruch dabei war, daß das gesamte Studium [...] energisch unter dem leitenden Gesichtspunkt des Pädagogischen organisiert sein müsse." (Hans Ahrbeck: Lehrerbildung und Pädagogische Fakultät. In: UAH, Rep. 31 B, Nr. 84, Päd.Fak. 1946/47).

[16] Das Vorlesungstyposkript befindet sich im Nachlaß Hans Ahrbeck, Akte 13 im DIPF/BBF, Archiv, Berlin. Ernst Cloer ordnet das Vorlesungstyposkript ohne Angabe von Gründen dem Jahr 1957 (vermutlich) zu. Vgl. Ernst Cloer: Theoretische Pädagogik in der DDR: eine Bilanzierung von außen. Weinheim 1998, S. 240 (Anm. 10).

4. Vorlesungstyposkript der Gesamtvorlesung: § 10 – Absolutismus und Rationalismus – Comenius und seine Vorläufer.

Das Comenius-Bild Ahrbecks spiegelt sich natürlich vor allem auch in seinen einschlägigen wissenschaftlichen Veröffentlichungen wider:

1. Hans Ahrbeck: Einleitung zur „Großen Didaktik" von Jan Amos Comenius. Berlin 1957, S. 9 - 32.
2. Hans Ahrbeck: Einige Bemerkungen über „Mosaische Philosophen" des 17. Jahrhunderts. In: Wissenschaftliche Zeitschrift der Universität Halle, Ges -Sprachw. Reihe VII/5, 1958, S. 1047-1050.
3. Hans Ahrbeck: Komenskys Bemühungen zur Verbesserung der menschlichen Dinge; Komenskys Didactica magna; Zur Aktualität von Komenskys Werk (zusammen mit Rosemarie Ahrbeck). In: Wissenschaftliche Beiträge der Martin-Luther-Universität Halle-Wittenberg, 1971/8 (E7), S. 38-42, 43, 46-50.

Letztgenannter Titel erschien gleichlautend unter der Überschrift: Komenskys Werk: Nostra res agitur? In: Acta Comeniana. Prag 1972, S. 139- 143.

Mein Versuch, das pädagogische Werk des Comenius in Ahrbecks Lehrgestalt der Geschichte der Erziehung zu verorten, ist darauf gerichtet, die auffällige Präsenz comenianischer Gedanken in seiner Fragestellung als 80jähriger im Comenius-Jahr 1970 zu finden: „Was also verbindet uns [...] mit dem Pädagogen Komensky? Was hat er uns in seinem gewaltigen Opus an lebendigen pädagogischen Werten – pädagogisch im weitesten Sinne – zu übermitteln?"[17]

Die Frage des 80jährigen Ahrbeck ist auch die Frage des 56jährigen Professors für praktische Pädagogik (1946), die Frage nach den pädagogischen Werten in den „Labyrinthen" der Nachkriegszeit in der sowjetischen Besatzungszone und in den frühen Jahren der DDR, in die er hineingestellt war, eine neue Lehrerbildung zu gestalten, eine „fortschrittlich demokratische Pädagogik", wie er selbst sagte, zu entwickeln.

Lange bevor Robert Alt mit seinem Aufsatz „Der fortschrittliche Charakter der Pädagogik Komenskys" (1953) bestimmte Linien der Comenius-Rezeption in der DDR festschreibt, wendet sich die Erziehungshistorie in Halle dem comenianischen Gedankengut zu, wie wir aus unserer Lehrveranstaltungsstatistik mit dem Seminar von Professor Dr. Becker zur „Großen Unterrichtslehre des Comenius und ihrer Bedeutung für die Gegenwart" innerhalb der Allgemeinen Didaktik im Sommersemester 1947 belegen können. Im engeren erziehungshistorischen Kontext greift Ahrbeck bereits in seiner Vorlesung im Wintersemester 1947/48 „Geschichte der Pädagogik

---

[17] Hans und Rosemarie Ahrbeck: Komenskys Werk: Nostra res agitur? In: Acta Comeniana. Prag 1972, S. 139.

von der Reformation bis zu den Philanthropen (einschließlich)" auf Comenius zurück.[18]

In einem zur Vorlage bei der Sowjetischen Militäradministration bestimmten Programm der genannten Vorlesung finden wir eine erste Standortbestimmung Ahrbeckscher historischer Pädagogik:

> „Es soll nicht eine Aneinanderreihung pädagogischer Systeme gegeben werden, sondern die Geschichte der Bildung und Erziehung in ihrer engen Verflochtenheit mit der allgemeinen sozialen, wirtschaftlichen, politischen und geistigen Entwicklung."[19]

Die Vorlesung gliedert sich in die zwei großen Abschnitte „Das Jahrhundert der Gegenreformation" und „Das Zeitalter des Rationalismus". Letzterer strukturiert sich wie folgt:
1. Die politische und soziale Entwicklung im 17. und 18. Jahrhundert.
2. Geistige Wandlungen im 17. und 18. Jahrhundert. Hier werden dargestellt die geistigen und seelischen Wirkungen der Religionskriege, die Entwicklung der Naturwissenschaften mit den Namen Bruno, Kepler, Galilei und Newton, der philosophische Rationalismus und Realismus mit Descartes, Hobbes, Locke, Spinoza, Leibniz, Hume und den Enzyklopädisten in Verbindung mit den Begriffen Deduktion und Induktion, Spekulation und Erfahrung, die natürliche Religion, das Naturrecht, die natürliche Ethik, der Pietismus und sein Verhältnis zum Rationalismus.
3. Die pädagogische Bewegung der Aufklärung: Hier begegnen wir zuerst Ratke, dann Comenius, Weigel und Locke. Nach Rousseau folgen die Philanthropisten Basedow, Trapp, Salzmann und Campe. Danach soll die Ausbreitung der Aufklärung durch die moralischen Wochenschriften und die Jugendliteratur erfolgen, worauf eine Zusammenfassung zum Wesen der „natürlichen Pädagogik", zur Bildung zum Menschen durch Aufklärung und zur Wendung zum „Nützlichen" geplant ist.
4. Die Bildungseinrichtungen des 17. und 18. Jahrhunderts.[20]

Von der Vorlesung mit dem gleichen Titel aus dem Wintersemester 1949/50 liegen mir – wie weiter vorn angegeben – drei Vorlesungsmitschriften vor, die allerdings eine veränderte Gliederung aufweisen. Nach der Behandlung des Übergangs vom Mittelalter zur Renaissance, der Reformation und Ge-

---

[18] Ernst Cloer bestimmt den Beginn der Comenius-Rezeption mit der im Wintersemester 1949/50 beginnenden Reihe von Übungen über die Didaktik und die Pädagogik Komenskys. [S. Anm. 16], S. 240.

[19] Vgl. das Programm der Vorlesung für das Wintersemester 1947/48 (masch.), S. 1. In: Privatarchiv Ebert (= PAE). Interessanterweise heißt das Thema der Vorlesung im Programm: Geschichte der Pädagogik von der *Gegenreformation* bis zu den Philanthropen", während es im Vorlesungsverzeichnis der Universität „Geschichte der Pädagogik von der Reformation bis zu den Philanthropen" lautet.

[20] Ebenda.

genreformation (Jesuitenorden) ist auch in dieser Vorlesung der zweite Abschnitt das „Zeitalter des Rationalismus". Als Hinführung zu Ratke und Comenius dienen Ahrbeck in dieser Vorlesung einerseits die Essays Michel de Montaignes, in denen er lebendiges Denken, lebendiges Sprechen, lebendigen Umgang mit Menschen, Dingen und Büchern fordere, andererseits Francis Bacons „Nova Atlantis" und das „Neue Organon" mit den Aussagen zur induktiven Methode und zur These „Wissen ist Macht" (über die Natur), die wir in Comenius Forderung, der „Dinge kundig und mächtig zu sein" wiederfinden.[21]

Als dritte Bezugsperson führt Ahrbeck seine Hörer zu Descartes und dessen These vom Zweifel als Forschungsprinzip sowie der Autonomie menschlichen Denkens.[22]

Die direkte gedankliche Anregung Comenius durch Ratke wird schon in der Bezeichnung des Abschnitts „Ratke und Comenius" deutlich gemacht. Als Leistungen Ratkes werden herausgestellt: die „Konstituierung" bzw. „Begründung" der Pädagogik als Wissenschaft, die Forderung nach einem staatlichen Schulwesen, Lesen und Schreiben anhand der Bibel lernen, die Idee der stofflichen Konzentration, die Naturgemäßheit, Induktion und Experiment, das Prinzip der konzentrischen Kreise in der Stoffvermittlung, die Einheitlichkeit der Methode sowie das muttersprachliche Prinzip.[23]

Damit sind die Stichwörter für die Darstellung der comenianischen Pädagogik gegeben.

Comenius wird eingeführt mit offensichtlich sehr knappen biografischen Anmerkungen zu seinem „unruhigen Leben", seiner Zugehörigkeit zur Böhmisch-Mährischen Brüdergemeine, seinem Studium in Herborn bei Alsted und den geistigen Einflüssen von L. Vives, V. Andreä, R. Descartes und Fr. Bacon.

Aus dem „Labyrinth der Welt „ und dem „Paradies des Herzens" leite Comenius ab, daß Erziehung und Schule wichtige Faktoren seiner geplanten Welterneuerung seien.

Danach stellt Ahrbeck dar, wie Comenius aus den theologisch begründeten Anlagen des Menschen zu Wissen, Tugend und Frömmigkeit die Notwendigkeit „universalen Wissens" in einer „gegliederten Einheit mit einem obersten Prinzip"[24] ableitet. Die bildhaften Vergleiche des menschlichen Verstandes mit formbaren Wachs oder mit einer leeren Tafel, in die „die

---

[21] Vgl. Vorlesungsmitschrift von W. Piechoki (handschriftl.), o. Seitenzahlen. In: PAE.
[22] Vgl. Vorlesungsmitschrift von H. Grassel (handschriftl.), o. Seitenzahlen. In: PAE.
[23] Vgl. Vorlesungsmitschrift von H. Grassel und G. Schulze, o. Seitenzahlen. In: PAE.
[24] Vgl. Vorlesungsmitschrift von W. Piechoki. [s. Anm. 21]. G. Schulze (vgl. Anm. 23) hält fest: „Dieses Wissen nicht nur Summe, sondern gegliederte Einheit, jedes hat seinen Platz."

Erfahrung ihre Schriftzüge einprägt"[25], die Comenius im Kapitel V seiner Didaktik aufgreift, sind für Ahrbeck die Brücke zur Darstellung der comenianischen didaktischen Konzeption, die vorgeblich „synkritisch" entwickelt werde, d. h. „Verborgenes" durch Analogie aus dem Sichtbaren aufspürend.[26] In einer Vorlesungsmitschrift wird hierzu die „Parallelisierung" zwischen „Leben in der Natur", „Handwerkerdasein" und „Unterrichten" vermerkt.[27]

Die Analyse der „Großen Didaktik" schlägt sich in den drei Vorlesungsmitschriften in einer Auflistung der Grundsätze zur Sicherheit, Leichtigkeit, Gediegenheit und Schnelligkeit des Lehrens und Lernens nieder. In Verbindung mit den Sprach- und Sachlehrbüchern „Janua linguarum" und „Orbis pictus" als „barocker Enzyklopädie" wird auf die comenianische Wertschätzung der Muttersprache im allgemeinen und in ihrer Beziehung zum Fremdsprachenunterricht (Latein) sowie auf die angestrebte Einheit von Wort- und Sachunterricht verwiesen. An die didaktischen Aussagen im engeren Sinne anknüpfend bindet Ahrbeck die Darstellung des Schulaufbaus, „des Bildungslaufes in vier Stadien zu je sechs Jahren"[28] an die Überzeugung des Comenius an, daß alle Menschen als Geschöpfe Gottes das gleiche Recht zur Bildung haben. „Alle alles zu lehren" führe Comenius zu seiner Idee der Aufeinanderfolge von Mutterschule (0-6 Jahre) und Muttersprachschule (6-12) für Jungen und Mädchen, Lateinschule (12-18) und Akademie (18-24) für Jungen, in denen der Unterrichtsstoff „immer weiter vertiefend"[29], in „konzentrischen Kreisen"[30] vermittelt werde.

Den Abschluß des Comenius-Kapitels bildet eine Wertung insofern, als seine „Grenzen" und „Verdienste" gegenübergestellt werden. Als Grenzen werden der Widerspruch zwischen Theorie und Praxis („seine Schulversuche in der Praxis scheiterten"[31]), der „passive Anschauungsbegriff" und die „Überschätzung der Methode"[32] vermerkt. Verdienste seien das „Streben nach Realismus", das „Loskommen vom sprachlichen Humanismus", das Konzept eines „einheitlichen Bildungswesens" mit der Aufgabe der Erziehung des Volkes zur Menschlichkeit, die „Emanzipation der Pädagogik als eigene Kunst im System der Wissenschaften" und das „systematische Durchdenken der pädagogischen Fragen" („des gesamten pädagogischen Kreises").[33]

---

[25] Ebenda.
[26] Vgl. Hans Ahrbeck: Einleitung zur „Großen Didaktik" von Jan Amos Comenius. Berlin 1961, S. 27.
[27] Vgl. Vorlesungsmitschrift von W. Piechoki, [s. Anm. 21].
[28] Ebenda.
[29] Ebenda.
[30] Vgl. Vorlesungsmitschrift von G. Schulze, [s. Anm. 23].
[31] Vgl. Vorlesungsmitschrift von W. Piechoki, [s. Anm. 21].
[32] Vgl. Vorlesungsmitschrift von W. Piechoki und G. Schulze, [s. Anm. 21 u. 23].
[33] Ebenda.

Natürlich fehlt dann auch nicht der Aufweis der Verbindungslinien zum pädagogischen Werk A. H. Franckes in Halle über dessen Schulzeit in Gotha, geprägt vom „Gothaer Schulmethodus" (1642) des Andreas Reyher, in dem direkte Beziehungen zur Pädagogik J.A. Comenius hergestellt werden. Im Fortgang des II. Abschnittes der Vorlesung folgt der § 8 – „2. Hälfte des 17. Jahrhunderts: Realismus und Standeserziehung (Ritterakademien)."
Bemerkenswert ist im Zusammenhang mit der hier aus Vorlesungsmitschriften rekonstruierten Comenius-Darstellung Ahrbecks, daß im gleichen Wintersemester – wie aus dem chronologischen Lehrangebot ersichtlich – eine Übung „Über die didactica magna des Amos Comenius" angeboten wird, daß im Sommersemester 1950 und im Wintersemester 1951/52 Übungen „Über die Pädagogik des Amos Comenius" folgen, unseren Ansatz von der auffälligen Präsenz comenianischer Gedanken bei Ahrbeck zumindest quantitativ bestätigend. Cloer schreibt dieser Konzentration auf Comenius die Absicht Ahrbecks zu, in der zeitgleichen Auseinandersetzung mit der Reformpädagogik den „schulpädagogisch-systematischen Ansatz der 'Didactica magna' zu einer fundierenden Referenztheorie in der Lehrerbildung" zu machen."[34]

Geht man in dieser Richtung oder in der Richtung der eigenen Fragestellung Ahrbecks aus dem Jahre 1970 auf Spurensuche nach den „lebendigen pädagogischen Werten", die uns Comenius vermitteln könne, so bieten die Vorlesungsmitschriften wenig Ansätze, da Ahrbeck seine Darstellung aus den Quellen heraus entwickelte im Sinne seines Lehrers Karl Lamprecht kulturhistorisch einbettete. Dies geht auch aus der Aufstellung der Literaturliste zur Vorlesung „Zeitalter des Rationalismus" hervor, die neben der Primärliteratur als Sekundärliteratur nicht nur die historisch-pädagogischen Standardwerke des 19. und 20. Jahrhunderts, wie z.B. K. Schmidt, K. v. Raumer, Fr. Paulsen, A. Heubaum und P. Barth ausweist, sondern auch H. Hettners Literaturgeschichte des 18. Jahrhunderts, W. Windelbands Philosophiegeschichte und K. Joels „Wandlungen der Weltanschauung".

In seinem „Rückblick" äußert sich K.-H. Günther, einer seiner Schüler und Doktoranden und ihm lebenslang freundschaftlich verbunden, zum Vorlesungsstil Ahrbecks: „Das war nicht simple Reproduktion historischer Realvorgänge, das war verstehende Besichtigung menschlicher Kulturleistungen, in die Pädagogik hineingeordnet war. Allgemeine Geschichte, Nationalgeschichte, allgemeine Länderkunde, Geschichte der Religionen, der Philosophie, Literatur, der bildenden Kunst und der Musik verschränkten sich zu Bildern von Epochen, aus denen dann das Pädagogische als Theorie und Erziehung als Praxis hinaustraten, insofern als Zeiterscheinungen einsichtig wurden."[35]

---

[34] Vgl. Ernst Cloer: Theoretische Pädagogik in der DDR [s. Anm. 16], S. 240.
[35] Karl-Heinz Günther: Rückblick: nach Tagebuchnotizen aus den Jahren 1938-1990. Berlin-Buchholz 1998, S.186.

So lassen sich Sentenzen in den Vorlesungsmitschriften zu Erziehung und Schule als wichtigen Faktoren einer geplanten Welterneuerung, zu einem „universalen Wissen", zum Menschenbild, zur didaktischen Systematik, zum „einheitlichen Bildungswesen" als Antwortsuche auf zeitgenössische pädagogische Fragen deuten. Hier ergeben sich interessante Aufschlüsse darüber, wie Ahrbecks kulturhistorisches Vorgehen mit der aktuellen pädagogischen Situation konfrontiert wird, die durch das Erscheinen der beiden sowjetischen Lehrbücher „Pädagogik" von Jessipow/Gontscharow (Berlin 1948) und Ogorodnikow/Schimbirjew (Berlin 1949) zunehmend bestimmt ist. Quellen hierfür sind die mir vorliegenden handschriftlichen Aufzeichnungen Ahrbecks zur Comenius-Übung im Wintersemester 1951/52, ergänzt durch die Referate-Übersicht, einen Stundenbericht zur Frage Anlage – Umwelt bei Comenius vom 2. 10. 1951 sowie einer Referatkurzfassung zum Urteil der Sowjetpädagogik über Comenius.

Unter den fünfzehn Referaten finden sich Themen wie das Verhältnis von Leib, Seele und Geist bei Comenius, das psychologische und ethische Kindbild, Lehrplan, Schulorganisation, Begründung der Rolle des Lehrers im Unterricht, Verwendung und Bedeutung von Unterrichtsmitteln und allseitige Erziehung (bezogen auf Kapitel 1-6 der „Didactica magna").

Bei letztgenanntem Thema wird in den handschriftlichen Aufzeichnungen ein „Vergleich mit den Erziehungszielen heute (sowjetische Pädagogik)" gezogen, indem die Vermittlung zwischen comenianischer „Weisheit" (Wissen, Kenntnis der Dinge, Künste und Sprachen) und der intellektuellen Erziehung in der Frage nach den „sieben Künsten" heute gesucht wird, die „Klugheit" als wahres Urteil über die Dinge zur Grundlage der Tugend, der sittlichen Erziehung herausgestellt wird, die ästhetische Erziehung ihre Quelle in Comenius Erziehung zu geistlicher „Musik", in der Poesie und in seiner „Freude an der Harmonie" habe, die polytechnische Erziehung in den methodischen Anweisungen für die Handwerke („Künste") ihre Entsprechung finde, der letztlich mit der lapidaren Anmerkung (in Klammern gesetzt) endet: „Frömmigkeit fällt bei uns weg".

So ist zu vermuten, daß auch die anderen Referate ihre Bezugspunkte in der aktuellen pädagogischen Diskussion fanden. Dieser Ansatz erhält Bekräftigung durch die Inhalte des Referates zum „Urteil der Sowjetpädagogik über Comenius", das ihm zuspricht, tief in das Wesen des Unterrichts- und Erziehungsprozesses eingedrungen zu sein. Unter Verweis auf die schon genannten sowjetischen Pädagogikbücher und auf Medynskis „Geschichte der Erziehung", die in Halle kapitelweise von Studierenden übersetzt wurde, werden Comenius didaktische Prinzipien zugeschrieben, in denen Begriffe wie Bewußtheit, Systematik, Folgerichtigkeit, Disziplin und Naturgesetzlichkeit auffallen, die den Unterricht in einer „Einheitsschule " prägen, deren organisatorische Grundformen der Klassenunterricht und die Unterrichtsstunde sind. Dies korrespondiert zum Beispiel mit der ministeriellen „Verordnung über die Unterrichtsstunde" aus dem Jahre 1950, mit der reformpädagogischen Aktivitäten in der demokratischen Einheitsschule der Boden entzogen wird.

Aus diesen Aussagen heraus könnte ich dem Cloerschen Gedanken, daß Comenius „Große Didaktik" von Ahrbeck zu einer Fundierung systematischer Lehrerbildung genutzt werde (vgl. Anm. 34) zustimmen.

Meines Erachtens ist dies aber ein zu enger Zugang zu Ahrbecks Lehrkonzeption zu Anfang der fünfziger Jahre. Seine Intention lag wohl mehr in der Vermittlung der comenianischen Suche nach den Auswegen aus dem Labyrinth der Welt, den Bedingungen einer „humanen Lebensgestaltung: Frieden, Harmonie von individuellem und allgemeinem Wohl, Freiheit von ungerechtem Zwang, allseitige Bildung für alle Menschen"[36], nach der „Ehrfurcht vor der menschlichen Würde"[37] – Aspekten, die das Ahrbecksche Leben prägten. Die Schlußsentenz im Stundenbericht „Zur Frage Anlage – Umwelt bei Comenius" vom 2. 10. 1951, der die logischen Widersprüche zwischen Keim und leerer Tafel als Vergleichsbilder für den menschlichen Verstand zu klären versucht, vermittelt meines Erachtens diesen Geist Ahrbeckscher Lehre:

> „Wir waren nun besonders darum bemüht, zu erkennen, daß nicht die formallogische Einhelligkeit es ist, die die Bedeutung des C. ausmacht, ja daß er gegen diese sogar verstößt, daß ihm aber dieser Verstoß nichts nimmt von seiner Größe, die aber nicht in einer letzten gedanklichen Durchsichtigkeit und Klarheit liegt, sondern viel mehr in der humanistischen Freude, in der liebevollen Zuneigung, mit der sein Blick die Fülle der Welt, die Schönheit des Lebens, den Reichtum der menschlichen Seele umfaßt."[38]

Die Grundlinien der Ahrbeckschen Comenius-Rezeption in der Lehre zwischen 1947 und 1952 finden sich unter den veränderten Lehrbedingungen seit dem Studienjahr 1952/53 (Phase des Aufbaus der Grundlagen des Sozialismus seit 1952, gesellschaftswissenschaftliches Grundstudium als Pflicht 1951, zentrale Systematisierung des Lehrangebots) in der jeweils über zwei Semester gehaltenen Pflichtvorlesung zur Geschichte der Erziehung wieder. Ahrbeck „unternahm den Versuch, neben der erst aufkommenden historisch-materialistischen Interpretation eine auf der geisteswissenschaftlichen Hermeneutik gegründete, eng an Barths Bemühungen um soziologische und kulturhistorische Zusammenhänge angelehnte Deutung [der Erziehungsgeschichte, Anm. B. E.] zu kultivieren", so Franz Hofmann, sein Doktorand und Habilitand in einem Brief vom 10. 12. 1999 an mich.

In der in 29 Paragraphen gegliederten Vorlesung zur Geschichte der Erziehung von den Anfängen bei den „primitiven Völkern" bis zur Reformpäda-

---

[36] Hans und Rosemarie Ahrbeck: Komenskys Werk: Nostra res agitur? [s. Anm. 17], S. 142.
[37] Ebenda, S. 141.
[38] In: PAE.

gogik des 20. Jahrhunderts finden wir die Darstellung der comenianischen Ideenwelt im § 10: Absolutismus und Rationalismus – Comenius und seine Vorläufer, anknüpfend an den Abschnitt „Pädagogische Ansichten in den Utopien des 16. und beginnenden 17. Jahrhunderts" (Thomas Morus, Thomas Campanella, Johann Valentin Andreä, Francis Bacon), fortgeführt mit dem § 11: Das Bildungswesen im 17. und beginnenden 18. Jahrhundert.
Der uns im engeren Sinne interessierende Paragraph unterteilt sich in die zwei Abschnitte „Absolutismus und Rationalismus" und „Ratke und Comenius". Die gedankliche Weiterführung der Epochen-Vorlesungen in den Jahren von 1947 bis 1952 wird schon in der Gliederung deutlich.
Im Abschnitt „Absolutismus und Rationalismus" beschreibt Ahrbeck zunächst die wirtschaftliche Ausgangslage Westeuropas, dann den von katholischer wie protestantischer Kirche gestützten Absolutismus, in dessen Sog sich unterschiedliche Ausdrucksformen des Nationalbewußtsein entwickeln, was sich in deutschen Territorialstaaten u. a. in den Gründungen von Sprachgesellschaften manifestiert, so zum Beispiel in der von Fürst Ludwig von Anhalt-Köthen 1617 gegründeten „Fruchtbringenden Gesellschaft". Danach wird das merkantilistische Wirtschaftssystem der absoluten Staaten charakterisiert, in dessen Folge es u. a. zur kolonialen Ausbreitung Europas in anderen Erdteilen komme. Dieser Vorgang der „Machtkonzentration, der Machtausdehnung und -steigerung" spiegele sich in der barocken Kunst, Architektur, Malerei, Musik, Dichtung, Sprache und Mode wider, wofür unter anderem die barocke Oper (Monteverdi) als Beleg zitiert wird. In den barocken Drang zum „Großartigen [...], Machtvollen, zur Steigerung und Übersteigerung"[39] ordnet Ahrbeck die in der Wissenschaft zu beobachtende „Wendung zur Naturbeherrschung und zum Nutzbringenden" ein, die Francis Bacons programmatischem Satz „Wissen ist Macht" folge. „Wissen ist aber insbesondere Macht, insofern es geordnetes Wissen darstellt, geordnet mittels der Vernunft". Vernunft trete damit neben „politisch-wirtschaftlich-militärischer Macht", neben „Sitte" und „Autorität der Religionen und Kirchen" als neue „Mitbewerberin" in der Machthierarchie auf. Diese neue Rolle der Vernunft führe zum „Trieb der Gelehrten zum universalen Wissen"[40], wofür u. a. Leibniz und Alsted, der Lehrer des Comenius, als Enzyklopädist und natürlich Comenius mit seiner „Pansophia" stünden. Aus der Überfülle des Stoffes erwachse das Bedürfnis methodischer Instrumentarien, nach einer Kunstlehre der Erkenntnisgewinnung und -vermittlung. In dieses Aufgabenfeld stellt Ahrbeck Ratke und Comenius:
„Wir müssen das, was wir über diese beiden Pädagogen hören, nun innerlich immer in den Zusammenhang bringen mit dem, was wir bisher über

---

[39] Vorlesungstyposkript [s. Anm. 16], S. 152.
[40] Ebenda, S.153.

den Rationalismus, Universalismus, über das bürgerliche Denken des Barock erfahren haben."[41]
„Comenius wohnt unserem Herzen näher. Ratke hat etwas von den Wunderdoktoren und Alchimisten seiner Zeit an sich. Gewaltig in seinen Versprechungen, was alles er in kürzester Zeit durch seine Wundermethode leisten werde, aber dürftig in dem tatsächlichen Erfolg."[42] So begründet Ahrbeck die nur kurze vierseitige Aufzählung der Impulse, die Ratke für eine Reform des Unterrichtswesens seiner Zeit vermittelte und die wir schon in der Referierung der Vorlesung aus dem Wintersemester 1949/50 belegten.
Mit einer emotional betonten Einführung in die Lebensatmosphäre des Comenius, geprägt von seiner Herkunft aus einer Handwerkerfamilie und der Zugehörigkeit zur christlich-demokratischen Sekte der Böhmisch-Mährischen Brüder, von seinem Studium an der protestantischen Akademie in Herborn und an der Universität Heidelberg, seiner ideellen Begegnung mit Ratke, mit dem Humanisten Ludwig Vives, mit Valentin Andreäs „Christenstadt", geprägt vor allem durch den Chiliasmus seines Lehrers Alsted, verweist Ahrbeck auf die durch den Dreißigjährigen Krieg erzwungene Heimatlosigkeit Comenius mit seinem Ausspruch: „Mein ganzes Leben war eine Wanderung, eine beständig wechselnde Herberge – nirgends ein Vaterland."[43]
In der Folge geht es Ahrbeck um „die Erkenntnis der Entstehung [...] seiner [Comenius, Anm. B.E.] geistigen Struktur".[44]
Damit möchte ich den Leser in den Originaltext der Vorlesung locken:

> Sie erinnern sich an die barocke Spannung, die ich am Anfang dieses Paragraphen erwähnte, die Spannung zwischen der Hinwendung zu dieser Welt und der Erschütterung durch eben diese Welt im 30-jährigen Krieg, an das „Die Herrlichkeit der Erden muß Staub und Asche werden" (Gryphius) [...].
> A. Comenius steht mitten in dieser Spannung. Das eine Motto seines „Labyrinths der Welt" stammt aus dem düsteren Prediger Salomonis und lautet: „Ich sahe an alles Tun, das unter der Sonne geschiehet und siehe es war alles eitel und Jammer." Von der Wahrheit dieses Satzes waren die Brüder tief durchdrungen. Aber gleichzeitig stand des Comenius durstiger Geist offen den wissenschaftlichen Bewegungen innerhalb der gelehrten Oberschicht: *Bacon*, dessen instauratio magna er das leuchtendste Werk des anbrechenden neuen Jahrhunderts nannte, das uns den wahren Schlüssel der Natur mitteilt. *Descartes*, mit dem er eine offenbar sehr intensive Aussprache bei Leyden hatte, den exakten Naturwissenschaftlern wie Harvey, Boyle, O. von Guericke (in seiner Physik, 2. Auflage). Es ist der wis-

---
[41] Ebenda, S. 154.
[42] Ebenda, S. 154.
[43] Ebenda, S. 159.
[44] Ebenda, S. 161.

sensdurstige Geist des jungen Bürgertums und das besondere an ihm ist nun dies, daß er diese Spannungen zu einer Einheit zusammenzuzwingen versteht, eine Einheit, in die auch die Pädagogik als ein Element gehört. In dieser Kraft zur Harmonisierung ist er ein Vorläufer von Leibniz, der ihn auch ausdrücklich als solchen anerkannte.

Es wird sich jetzt darum handeln, den Kern seiner Weltanschauung, den Gesamtzusammenhang seines Denkens zu begreifen. Ich gestehe, daß ich mit einiger Bangigkeit an diese Aufgabe gehe, nicht bloß wegen der außerordentlichen Menge seiner Schriften (gegen 150 etwa sind bekannt; Alt spricht von weit über 200), sondern auch wegen der wogenden Fülle seiner Gedanken, die teils christlichem Sektengeist und antiker (stoisch-neuplatonischer) Tradition verpflichtet sind, teils aus dem philosophischen und naturwissenschaftlichen Geist seiner fortschreitenden Zeitgenossen (Bacon, Descartes u.s.w.) entstammen, teils dem demokratisch-patriotischen Geist dieser Epoche des sich entwickelnden Nationalbewußtseins, teils aus eigener Beobachtung und aus eigener Spekulation geboren sind. Das alles mit einer eigentümlichen Formkraft vorgetragen, die sich mit Vorliebe der Ariadischen oder der Viererformel zur Bändigung gedanklicher und stofflicher Üppigkeit bedient. Es kommt uns nicht darauf an, unbezweifelbare Unklarheiten und Widersprüche im Einzelnen wegzuinterpretieren, sondern den Gesamtductus zu erfassen.

Dabei müssen wir besonders achten auf den „konstruktiven Rationalismus" des 17. Jahrhunderts, den „Barockuniversalismus" im Gegensatz zum Renaissanceindividualismus. Auch A. Comenius gehört jenen Universalisten an, die den gesetzmäßigen (oder vernünftigen) Zusammenhang aller Dinge und Vorgänge ergründen wollen, die einer gesetzmäßigen (oder vernünftigen) Harmonie des Universums auf der Spur sind. Die Quellen zu solcher Erkenntnis sind 1. die Natur, 2. die Vernunft im Menschen und 3. die Offenbarung Gottes in der Bibel. Seine Gedanken darüber sind über seine Werke verstreut, sie finden sich dicht beieinander in der „Großen Unterrichtslehre" und seinen sogenannten „pansophischen Schriften". Seine „Pansophie", wörtlich Allweisheit, (lateinisch: universalis sapienta) hat ein ähnliches Ziel wie die mathesis universalis des Descartes oder die scienta generalis von Leibniz, insofern auch er die unendliche Fülle des Alls, die irdische Wirklichkeit mit Einschluß des Menschen und seiner Hervorbringungen auf bestimmte Gesetzmäßigkeiten, Prinzipien, Elemente hindurchleuchten und sie von daher begreifen will, ein durch und durch moderner Zug. Gewiß hat Comenius wie die Renaissancemenschen eine tiefe Freude an der bunten Vielfalt der Natur und des Menschenlebens. Beispiele dafür bietet fast jedes Kapitel z. B. der „Unterrichtslehre", ob er nun gleichnisweise von der „Würde der Pferde" spricht, ihrer Stärke, Kraft und Gewandtheit, dem wellenförmigen oder geknoteten Schweif, der gekämmten und aufgerichteten Mähne; oder Menschen: „...wer sollte sich nicht freuen an einem schönen Menschen, an einem zierlichen Rosse, an einem hübschen Bilde, an einem reizenden Gemälde...? Wen rührt nicht Musik? Wem schmecken nicht gut gewürzte Speisen? (V.14). [Die folgenden Zahlenangaben beziehen sich auf die jeweiligen Kapitel/Absätze der „Didactica magna", Anm. B.E.]. Man braucht das Auge nicht zu zwingen sich zu öffnen und ein Ding anzusehen. Denn es freut sich von selbst (wie von Natur nach dem Licht dürstend), sich am Anblick zu weiden... und kann sich nie am Sehen sättigen..." (Das schreibt der Verfasser vom Labyrinth der Welt! Welche Spannung.) (V. 12). Aber – und das ist das Entscheidende – er begnügt sich nicht mit dem andrängenden Reichtum individueller Erscheinungen – sondern ersucht als Barockphilosoph überall nach den Gesetzmäßigkeiten und Prinzipien, die das alles zusammenhalten, nach den Elementen, aus denen die Einheit und Kontinuität der Schöpfung sich begreift.

Der Mensch ist fähig, die Welt zu erkennen, die wahren Gründe zu erfassen: und zwar durch Induktion (Bacon), durch sinnliche Anschauung zuerst (d.h. bei ihm durch die passive Aufnahme der Gegenstände durch die Sinne), durch die Analyse auf die Elemente hin; und dann auf einer höheren Ebene durch die speculatio, durch die Vernunft, - die wahren Gründe, die rationes, die also – wie das Wort besagt – ihrem Wesen nach vernünftig sind.

Wie aber hängen diese beiden Tätigkeiten der Anschauung und der speculatio zusammen? Das erklärt er in Wirklichkeit nicht induktiv sondern deduktiv. Nämlich von der Annahme, von dem Glauben an eine allgemeine universelle *Harmonie* aus, der Harmonie dieser rationes (Vernunftgründe) oder der Ideen mit der Wirklichkeit. Warum dies ? Weil letztlich alles: die äußere Natur, die Ideen der Menschen und ihre Hervorbringungen letztlich stammen aus der ratio rationum, der Unvernunft, d. h. aus Gott. Aus ihm entspringt die „vernünftige, natürliche Ordnung des Alls", eine objektive Ordnung. Die „Konsonanz", die Harmonie aller Sphären des Seins und des Bewußtseins. Noch einmal etwas anders gesagt in enger Anlehnung an Comenius. Die Natur (in ihrer Gesetzlichkeit) ist die Tochter und Nachahmerin der göttlichen Vernunft. Sie – die Natur - wird bewohnt von der Weltseele (einer Schöpfung Gottes), die auch die mineralische Welt und die höheren Stufen der Pflanzen und Tiere belebt (ein Panvitalismus oder Panpsychismus, der auf die Stoa zurückgeht).

Also die Natur ist die Tochter der göttlichen Vernunft. Die Kunst aber (zu der wir auch die Pädagogik und die Technik rechnen dürfen) ist die Tochter und Nachahmerin der Natur. Dadurch entsteht eine allseitige Harmonie, ein Parallelismus nicht nur zwischen den Dingen. Er erstreckt sich auch auf das Verhältnis von den Dingen und Wörtern. Comenius spricht ausdrücklich von dem „Parallelismus der *Dinge,* der *Begriffe* von den Dingen und der *Ausdrücke* von den Begriffen". (Prodomus 99.- Mahnke 98)[45] Er erstreckt sich ferner auf das Verhältnis von dem Sichtbaren zum Unsichtbaren. Daraus leitet Comenius die Berechtigung ab, Unsichtbares (z. B. Gesinnungen, Tugenden, Laster) durch Sichtbares zu repräsentieren, zu symbolisieren, zu allegorisieren.

Und schließlich scheint mit diesem Gedanken einer aus dem göttlichen Urgrund stammenden universellen Harmonie zusammenzuhängen, daß er

---

[45] Prodomus 99 = J.A. Comenius: Prodomus pansophiae (Vorläufer der Pansophie). 1639 (Leipzig 1874); Mahnke 98 [= Gemeint ist hier und im Folgenden: Dietrich Mahnke: Der Barockuniversalismus des Comenius. In: Zeitschrift für Geschichte der Erziehung und des Unterrichts. 21./22. Jg., 1931/32].

Mechanisches und Organisches nahe aneinander rückt. In der Neuausgabe seiner Physik (1663), die die Bekanntschaft mit Harveys, Guerickes und Boyles Forschungen verrät, bezeichnet er die Welt als Maschine (wie er auch von Unterrichtsmaschinerie und von Unterrichtsmechanismus spricht), die also mechanisch erklärt werden müsse; aber als eine göttliche Maschine (mechanica dei), die von der von Gott geschaffenen Weltseele gelenkt wird (Mahnke 26 = Synthese vom Alten und Neuen). Und nun nimmt er in einem kühnen Schwung des Harmonisierens Leibnizsche Gedanken vorweg: nämlich im Gegensatz zu Bacon und auch zu Descartes Physik sagt er: daß diese aus mechanischen Ursachen zu erklärende Welt dennoch zugleich einen sinnvollen *Zweck* hat. So vereinigt er wie Leibniz kausales und teleologisches Denken, das teleologische Denken, daß ja Bacon bekanntlich für eins der Idole, für ein Vorurteil erklärte. (Bacon läßt nur das kausale Denken zu.)

Aus diesem religiös fundierten Glauben an eine universelle Harmonie stammt die uns oft befremdende und verwirrende Verfahrensweise des Comenius (auch in der Unterrichtslehre ist das so.), mit Bildern aus allen Seinssphären zu hantieren, mit Bildern aus der Himmelsmechanik, aus dem Bereich des Pflanzlichen und Tierischen, dem bäuerlichen oder gärtnerischen oder handwerklichen Tun, um pädagogische, seelische, geistige Vorgänge im Menschen zu repräsentieren, eine Methode, die schon von Zeitgenossen des Comenius kritisiert wurde und auch von der Sowjetpädagogik natürlich abgelehnt wird (Ogorodnikow sagt z. B.: Comenius übertrage die Gesetze der äußeren Natur mechanisch auf das Innere des Menschen – und das Lehrbuch von Jessipow/Gontscharow: Comenius wende die Naturgesetze auch auf die Erziehung an, anstatt diese von den Gesetzen der Gesellschaft her zu betrachten.) Comenius hat sich gegen die zeitgenössische Kritik verteidigt, indem er neben der analytischen und der synthetischen Methode auch eine sogenannte „synkritische" Methode für berechtigt hält, die eben davon ausgeht, daß man bei Erscheinungen, die nach derselben Idee (Gottes) geschaffen seien wie die äußere Natur der Umwelt und die innere Natur des Menschen, von dem einen auf das andere schließen dürfe (Wortschaufel der Weisheit. Mahnke 116). Für uns sind die aus dem Handwerklichen stammenden Bilder, mit denen er pädagogische Vorgänge in Parallele setzt, das Entscheidende. Sie zeigen, daß er die Erziehung und den Unterricht als eine Technik betrachtet, die – wie jede Technik – sich von den Gesetzen leiten lassen muß, die in den Gegenständen stecken, mit denen sie es zu tun hat. Diese Bilder beweisen also sein Streben nach Erkenntnis und Anwendung von Gesetzen in der Pädagogik. Die denkerische Gesamtstruktur des Comenius ist also in der Substanz wohl religiös – idealistisch und im Verfahren deduktiv. Aber er vermag es, in dies mystisch – rationalistische System das induktive Verfahren, die sinnliche Erfahrung als Ausgangspunkt der Wissenschaft und des Unterrichtens aufzunehmen, und das Suchen nach Gesetzen, den Baconschen Realismus mit konstruktiven Rationalismus im Stile Descartes oder Leibniz´ zu vereinigen.

Wenn wir nun – in spezieller Betrachtung der Pädagogik – den Kreis verengen und sein *Menschenbild* ansehen, so muß man auch hier die Fähigkeit, Spannungen, Widersprüche zu harmonisieren bewundern. Er, der schwergeprüfte Mann, der die Scheuseligkeit, zu der die im Kriege verkommenden Menschen fähig sind, erlebt hat, der spätere Bischof der Brüdergemeinde, der als junger Mann im Labyrinth der Welt die Schwächen der Menschen auch ans Licht gerückt hat, ist doch zutiefst von der Herrlichkeit dieser Krone der Schöpfung durchdrungen (Ich zitierte im letzten Paragraphen den griechischen Vers: Was ist gewaltiger als der Mensch?) und von der optimistischen Überzeugung des aufsteigenden Bürgertums von der unendlichen Fortschrittsfähigkeit der Menschheit. Die scholastische Lehre von der Erbsünde wird von ihm im Grunde weithin neutralisiert. So läßt er im 1. Kapitel der Didaktik Gott sagen: „Erkenne..., daß Du der eigentliche Abschluß meiner Werke, ein wundervoller Auszug daraus der stellvertretende Gott unter ihnen bist, die Krone meines Ruhms." In der Menschen Natur liegt unser Fortschreiten. „Denn es ist in diesem Leben kein Ende der Wünsche oder Bestrebungen zu finden." (II. 6.)

In ihm liegen von Gott her die Samen, die Wurzeln, die Anlagen für eruditio, virtus, religio (Wissen, Tugend und Religion). Diese Anlagen sind der Verstand, der Wille und das Gewissen, wobei für Comenius charakteristisch ist, wenn er betont, daß der Geist (Verstand) im Erkennen nie eine Grenze finden wird (V. 19) und „daß die Welt nichts hat, was ein mit Sinnen und Vernunft begabter Mensch nicht zu fassen vermöchte" (V. 6). Diese Anlagen (Verstand, Wille, Gewissen) müssen nun entwickelt werden durch Unterricht und Erziehung, indem wir ausgehen von der Tätigkeit der Sinne, der sinnlichen „Anschauung" und fortschreiten durch die Tätigkeit der Vernunft, der Einsicht und dem Grunde der Dinge (= innere Anschauung) [...] Die Anlagen (Verstand, Wille, Gewissen) müssen entfaltet und gerichtet werden auf ihre „Gebiete" sozusagen, nämlich auf Wissen Tugend und Religion, wobei das höchste Ziel das religiöse ist, nämlich mit dem Ausgang, dem Beginn allen Seins, „mit Gott... vereint" zu sein.

Aus der Einheit und Gesetzmäßigkeit der Natur, auch der Menschen (ob arm, ob reich, welchen Standes auch immer) ergibt sich 1.) die Forderung nach Einheitlichkeit und Gesetzmäßigkeit (= Natürlichkeit) der Unterrichtsmethode und 2.) die Forderung nach der Einheit der Bildungsorganisation."

Soweit der Originaltext der Vorlesung. Das im weiteren Verlauf der Vorlesung die didaktischen Prinzipien des in der Hand eines Lehrer liegenden Klassenunterrichts, die Charakteristik der Lehrbücher und der hinlänglich bekannte Schulaufbau sowie das schon skizzierte Urteil der Sowjetpädagogik über Comenius folgen, versteht sich fast von selbst.

Mir kam es darauf an, mit dem originalen (wörtlichen) Textausschnitt der Ahrbeck-Vorlesung zu belegen, daß es *nicht* Ahrbecks Anliegen war, den Studierenden seiner Zeit die Erziehungsgeschichte als vordergründige Legitimierung gegenwärtiger pädagogischer Positionen oder Handlungsmaximen darzubieten oder sie als Referenztheorie in der Auseinandersetzung mit anderen pädagogischen Auffassungen zu benutzen, selbst wenn sich solche Ansätze natürlich finden lassen und sicher auch der Zeit geschuldet sind.

Vielmehr war es Ahrbecks Anliegen, seinen Studierenden das geistige Ringen des Comenius in seiner Zeit, in seinen Labyrinthen der Welt aufzuzeigen, seine Suche nach dem Wesen des Menschen nachzuvollziehen, damit zugleich sein eigenes geistiges Ringen um Antworten auf die Fragen seiner Zeit zu vermitteln, wie er es eindrucksvoll in seiner Festrede zur Eröffnung der Pädagogischen Fakultät 1947 demonstriert hat. Dem Humanisten Hans Ahrbeck diente seine Lehrgestalt der Geschichte der Erziehung dazu, Antwort auf die Frage zu geben, „was in der reichen Geschichte wert war, in die Gegenwart und Zukunft transportiert zu werden: Humanität und Demokratie, Menschenwürde und Individualität."[46]

---

[46] Karl-Heinz Günther: Rückblick [s. Anm. 35], S. 188.

Hans Ahrbeck

Über die Erziehungs- und Unterrichtsreform A. H. Franckes und ihre Grundlagen

Im Jahre 1698 erklärte Friedrich III. von Brandenburg-Preußen in einem feierlichen Privileg, daß er an den von Prof. Francke geschaffenen Anstalten zu „Glaucha in Halle" „ein gnädigstes Vergnügen" trage, und bestimmte, daß das „Von M. F. Francken privatim" angelegte Werk künftighin als ein „publiques Werk considerirt werden solle", daß es ferner „ein annexum unserer Universität zu Halle und derselben Jurisdiction untergeben" sei. Diese Verordnung wurde 1946 bei der Diskussion über den Neuaufbau des Bildungswesens des Landes Sachsen-Anhalt wieder in Erinnerung gebracht. Wenn schließlich die „Franckesche Stiftung" als „Pädagogisches Institut der Universität" in die Universität eingegliedert wurde, so ist damit einem sachlich berechtigten Gedanken entsprochen worden[1].

Die Gegenwärtigkeit des Franckeschen Erbes aber, seine massive Realität, das gewaltige Gelände, der Komplex der Gebäude, der Schulen, des Waisenhauses und der Pensionsanstalt, der Verwaltungsgebäude, der wirtschaftlichen Betriebe, der Bestand der Sammlungen, der Bibliotheken und des wertvollen Archivs, legten es immer wieder nahe, über juristische Fragen hinaus die ursprüngliche innere Substanz dieses Erbes kritisch daraufhin zu untersuchen, was sie für die Aufwärtsentwicklung des deutschen Volkes beigetragen hat.

Nun darf uns der festliche Anlaß des Universitätsjubiläums nicht dazu verführen, einen Panegyricus zu schreiben. Blinde Lobeserhebungen, randvoll von Superlativen, hätte ein Mann wie Francke, der ein Feind des „Maulgeplappers" war, selbst verurteilt. Auch wäre das Verfahren, von außen her Plus- und Minus-Zensuren zu verteilen, der Sache ebenso wenig angemessen wie der Versuch, diese oder jene Einzelheiten aus Franckes Gedankenwelt herauszulösen und in ein weltanschaulich anders fundiertes System hineinzubauen. Verhehlen wir es uns nicht: der Betrachter, der vor Franckes gewaltige pädagogische Gründung tritt, der sich mit seinen Schriften befasst, in denen im weitesten Sinn erzieherische und unterrichtliche Probleme behandelt werden, steht zwar einer imposanten, aber oft befremdenden Welt gegenüber. Das ist nicht bloß heute so; von Anfang an durch das 18. Jahrhundert hindurch bis in das 19. und 20. Jahrhundert hat es nicht an Kritik gefehlt. Der aufgeklärte Thomasius, der als Mann von Welt die Fröhlichkeit als das Höchste unter den zeitlichen Gütern erachtete, bringt in seinem Gutachten zu Franckes Bericht über das Pädagogium 76 Bedenken und skeptische Anfragen; u. a. weist er hin auf die Gefahr des „falschen und

---

[1] Verordnung v. 12. 10. 1946, Verordnungsblatt Sachsen-Anhalt 1946, S. 450.

heuchlerischen Eifers", der Intoleranz, des jesuitischen und mönchischen Mißbrauchs der religiösen Erziehung durch die Praeceptoren[2]. Der Verfasser einer anonymen Schrift aus dem Jahre 1734 „Der Labadismus die Quelle des Pietismi ..." hält Francke für „capabel", einen" Generalem Jesuitarum" abzugeben. Alle Jesuiten im Papsttum, habe einstmals ein verständiger Mann gesagt, wären Bärenhäuter gegen ihn, ein Urteil, das offenbar nicht bloß negativ gemeint ist. Jedenfalls lauten ähnliche Äußerungen Friedrichs II. von Preußen über die Pietisten verächtlicher. Auf diese Verwandtschaft der Franckeschen mit der jesuitischen Erziehung hat im 19. Jahrhundert wieder C. Weizsäcker hingewiesen[3]; die eigentlichen theologischen Auseinandersetzungen, angefangen mit den Angriffen der Orthodoxie zu Franckes Lebzeiten bis zu A. Ritschls noch immer lesenswertem Werk über den Pietismus, seien nur am Rande vermerkt.

Der Pädagoge heute, sofern er Franckes Ziele und Wege nicht aus dem geschichtlichen Zusammenhang heraus zu würdigen versucht, kann sich ohne innere Widerstände zu meist einer aufgeklärten Kritik anschließen. Er wird kaum Verständnis haben für die Methode der Zucht, für die Forderung, den Eigenwillen des Zöglings zu brechen, die ständige Beaufsichtigung der Kinder, ihre pausenlose Beschäftigung, für den Mangel an wirklicher Freizeit, die Ablehnung von Tanz, Spiel und weltlicher Literatur. Er wird bezweifeln, daß bei Francke überhaupt ein urwüchsiger Sinn für die Eigenheit der kindlichen und jugendlichen Seele vorhanden war. Er wird die ganze Art der religiösen Erziehung als „forciert" empfinden, wie Christian Thomasius sie charakterisiert hat. Überhaupt stellt sich ihm die Frage, welchen Beitrag denn Francke – variieren wir eine pietistische Formel – für die praxis pädagogiae, für seine pädagogische Praxis heute leisten könne.

Die Redlichkeit verlangt, dies klar auszusprechen; sie verlangt, daß wir uns das Urteil über Francke nicht zu leicht machen. Es ist daher zunächst der Ort zu bezeichnen, den er innerhalb des Pietismus einnimmt, dieses wirtschafts- gesellschafts- und geistesgeschichtlich so bedeutsamen Prozesses. Vielfarbig und mehrschichtig, ist dieser selbst nur einer der Ströme, die zusammen die große Erweckungsbewegung in dem Europa des 17. und des beginnenden 18. Jahrhunderts ausmachen. Dahin gehören aus der englischen bürgerlichen Revolution die Independenten, Baptisten, Leveller und Quäker; in Frankreich die katholischen Jansenisten und die Mme. von Guyon, der spanische und italienische Quietismus, zu dessen hervorragendsten Vertretern Michael de Molinos zählt – Francke übersetzte seinen Guida Spirituale ins Lateinische – und schließlich in Deutschland der Pietismus auf reformierten, auf lutherischem und auf außerkirchlichem Boden.
Wie unterschiedlich im einzelnen diese Gruppen sein mögen, trotz mancher Wechselbeziehungen zwischen ihnen, unterschiedlich nach Ursprung, ideo-

---

[2] Max Fleischmann, Christian Thomasius, 1931, S. 413 ff.
[3] C. Weizsäcker über Kramers A.H. Francke, Theolog. Lit. Zeitung 1881, Sp. 477 ff.

logischem Gehalt, nach Schicksal und gesellschaftlicher Zusammensetzung, so kann man sie doch auf einen gemeinsamen Nenner bringen, insofern es nämlich ihnen allen um die religiöse Innerlichkeit und Lebendigkeit im Gegensatz zur kalten „Rechtgläubigkeit", zur äußerlichen Unterwerfung unter die offizielle Kirche, zur nur intellektuellen Anerkennung dogmatischer Lehren geht. Gleichzeitig aber mit dieser Verlebendigungsbewegung nimmt die Entwicklung der rationalen und der empirischen Wissenschaften ihren Fortgang Hand in Hand mit der wirtschaftlichen und politischen Eroberung der Welt durch die neuen Kolonialmächte, Franzosen, Niederländer und Engländer. Es entfalten sich im 17. und beginnenden 18. Jahrhundert Mathematik, Astronomie, Physik, Chemie, Technik, auch schon die Biologie, daneben die Medizin, die Philosophie; erinnern wir uns an die großen Naturwissenschaftler zur Zeit Franckes, an R. Boyle, Chr. Huygens, J. Newton, an J. Swammerdam und H. Boerhave, an G. W. Leibniz und G. E. Stahl. Es vermehren sich die geschichtlichen und geographischen Kenntnisse: bereits 1626 beginnt die berühmte niederländische Druckerei Elzevir eine Sammlung von Länderbeschreibungen in 35 Bänden. Von beiden Seiten her, von der religiösen, wie von der empirisch- und der rational-wissenschaftlichen aus, revidiert man zunächst theoretisch den Bestand der gesellschaftlichen Einrichtungen: der rechtlichen, der religiösen, der pädagogischen. Träger dieses Fortschreitens, des religiösen, des empirischen wie des rationalen, ist in hohem Maße das mit dem frühen Kapitalismus aufstrebende Bürgertum, zu dessen wirtschaftlichen, gesellschaftlichen und politischen Bedürfnissen und Anliegen diese geistigen Neu- und Umformungen in enger Wechselwirkung stehen. An der Spitze marschieren die westlichen Länder, Frankreich, die Niederlande und England.

Auf dem europäischen Kontinent und insbesondere in Deutschland – wenn wir uns nun dem Pietismus im besonderen zuwenden – wirkte nach: das Erlebnis der großen Kriege des 16. und 17. Jahrhunderts, die durch religiöse Antriebe ihre besondere Schärfe erhalten hatten. In diesen Glaubenswirren versagte das offizielle Kirchentum weithin in der Führung der bedrängten Seelen, die ohne Rat und Tat in dem schrecklichen Geschehen sich verloren. Die Kirchen selbst standen dem wirtschaftlichen und sozialen Elend nach dem 30jährigen Krieg, der sittlichen Verwilderung, der Trunksucht, der Zügellosigkeit im geselligen Verkehr, der Auflösung der Ehe und der Familie hilflos oder lässig gegenüber. In Glaucha, so berichtet Francke, gab es „in der Gemeinde, die nicht viel über 200 Häuser groß, 37 Schenk- und Wirtshäuser", in denen „gesoffen, gespielet, getanzet, ja noch ärgere Dinge getrieben und fürgenommen sind..."[4]. Dem allen vermochte das Staatskirchentum der deutschen Territorien, zumal die lutherische Pastoren- und Obrigkeitskirche, meist nicht wirksam zu steuern: nicht dadurch jedenfalls, daß man hinwies auf die „Rechtfertigung allein durch den Glauben",

---

[4] Gustav Kramer, Vier Briefe A.H. Franckes, 1863, S. 74 f.

wenigsten nicht, wenn man unter Glauben lediglich das bloße Führwahrhalten der kirchlichen Lehre verstand. Die summi episcopi, d. h. die Territorialherren selbst, huldigten mehr und mehr dem Lebensideal des französischen Kavaliers. Es entspricht den Bedürfnissen der Zeit, wenn einer der radikalen Pietisten, Konrad Dippel, die lutherische Rechtfertigungslehre, sola fide, ebenso verwirft wie umgekehrt die guten Werke der katholischen Kirche, wenn dort der Glaube die lebendige brüderliche Tat erzeugt oder wenn hier die Werke nicht aus dem lebendigen Glauben fließen.

So wird für den älteren Pietismus weithin charakteristisch: die größere oder geringere Indifferenz gegen die Theorie, gegen dogmatische Fragen, die Gleichgültigkeit gegen die Zank- und Streittheologie, gegen Kirchenämter und -würden, ja zum Teil auch gegen die Sakramente, die Bekämpfung des „Maulchristentums". Er setzt dagegen das Erlebnis der christlichen Verkündigung, Gefühlsbewegtheit, lebendige gegenseitige Erbauung in Konventikeln; er holt wieder die Idee des Laienpriestertums hervor und fordert die praktische Bewährung christlicher Liebe im Leben. Dies alles gilt ihm als Kennzeichen des „wahren", des „erweckten" Christen.

Es ist nun eine oft festgestellte Tatsache, daß alle die genannten Erweckungs- und Erneuerungsbewegungen in höherem oder geringerem Grade aus alter mystischer Überlieferung gespeist werden. Damit betreten wir ein ausgedehntes und schwieriges Gelände, das vom gesellschafts- und erziehungsgeschichtlichen Standort intensiver untersucht werden müßte, als es bisher geschehen ist, soweit ich sehe. Es ist nicht unsere Aufgabe, die Vielschichtigkeit und Gestaltenfülle mystischer Hervorbringungen zu untersuchen oder die Probleme auseinanderzufalten, die sich für eine Typologie und eine eindeutige Benennung der Erscheinungen ergeben[5]. Es sei gestattet, im Rahmen dieser Arbeit die verwickelten Tatbestände lediglich zu umreißen. Man wird sich bei der Beschreibung des Grundanliegens der europäischen Mystik im weiteren Sinne daraufhin verständigen können, daß der Mystiker nach seiner Vereinigung mit der Gottheit im Hier und Jetzt strebt. Er kann dabei je nach dem Grad seiner Radikalität die Vermittlungen durch kirchliche Institutionen, Sakramente, das Vehikel heiliger Texte, überhaupt die historischen Religionsformen und -inhalte als objektiv geglaubte Heilstatsachen entweder annehmen oder auf sie verzichten; so etwa Thomas Münzer: „Was Bibel, Bubel, Babel! Man muß in einen Winkel kriechen und mit Gott selber sprechen." Allein durch innige Versenkung, durch diskursive Meditation und anschauende Kontemplation, wohl auch unterstützt durch Askese und gelenkte Phantasieerregung, also auf den We-

---

[5] Vgl. die Klärungs- und Klassifikationsversuche von Ernst Troeltsch, Die Soziallehren der christl. Kirchen, 1912, u. J. Kühl, Toleranz und Offenbarung, 1923. – Über die Einzelforschungen vgl. H. Bornkamm, Mystik, Spiritualismus und die Anfänge des Pietismus im Luthertum, 1926.

gen der rationalen Erkenntnis des Gefühls und des Willens, glaubt der Mystiker sein Ziel zu erreichen: Aufhebung der Polarität, Vollzug der Koinzidenz der Gegensätze. Der Sehnsucht nach würde das zu einer völligen Auslöschung der Person führen; der Erfüllung nach kommt es nicht endgültig zu einer absoluten Verschmelzung. Geist verkehrt nur mit Geist, er erfüllt sich mit ihm, er glaubt sich in besonderem Maße geführt und geborgen. Nur auf der äußersten „Staffel" fühlt er sich Gott, der Welt überhoben. Hier ist letztlich die Möglichkeit des Überganges von einem theozentrischen zu einem anthropozentrischen, zu einem im äußersten Sinne saekularisierten humanistischen Denken gegeben. Die „Spiritualisten", die Geistmenschen unter den Mystikern, landen im Rationalismus als Verehrer des menschlich-göttlichen Geistes, der menschlich-göttlichen Vernunft: dann nämlich, wenn das „innere Licht" des Mystikers, die wärmende Flamme des lumen internum, sich fast unmerklich wandelt in das „natürliche Licht", in die kühlerleuchtende Flamme des lumen naturale der Rationalisten.

Betrachten wir die psychologische und die gesellschaftliche Bedeutung der Mystik, so kann sie für das Individuum Absonderung, Fluch aus der bedrängenden Not des Lebens in selige Gefilde bedeuten, in die Freiheit von der Autorität der Kirche und der mit ihr verbundenen staatlichen Gewalten. Mystik neigt ferner zur Toleranz gegen Andersgläubige; sie ermöglicht sowohl die Entwicklung von selbständigen und in einem besonderen Sinne selbstbewussten wertvollen Persönlichkeiten, aber auch von zügellosen, ethisch indifferenten Schwärmern, und zwar dann, wenn sich das Individuum überhaupt nicht mehr an gesellschaftliche Ordnungen gebunden wähnt. Die ältere Mystik sowohl wie der radikale Pietismus liefern dafür erstaunliche Beispiele. Und schließlich steckt – das ist für unseren Zusammenhang besonders hervorzuheben – in der Mystik ein gleichsam demokratischer Zug, insofern sie jedem, auch dem sozial Niedrigstehenden, die gleiche Chance zu einer besonderen Art „Erkenntnis" und zu einer geistigen Verselbständigung gibt[6].

---

[6] Zur Erhellung der gesellschaftliche Bedeutung der Mystik können die wertvollen sprachlichen Untersuchungen von Jost Trier beitragen: Der dtsch. Wortschatz im Sinnbezirk des Verstandes, 1931. Ferner Th. Schneider, Der intellektuelle Wortschatz Meister Eckeharts, 1935. Dazu Leo Weisgerber, Vom Weltbild der deutschen Sprache, 1950, S. 158 ff. – Aus diesen Darstellungen lässt sich entnehmen, dass in der höfischen Epik das Wortfeld für die geistig-seeelischen Eigenschaften und Fähigkeiten, welches um 1200 noch nach ständisch-religiösen Gesichtspunkten gegliedert ist, seit dem 13. Jahrhundert offenbar unter dem Einfluß der Mystik diese Struktur verliert; so bei dem adeligen Mystiker Eckehart. Eine Reihe von Wörtern dieses Sinnbezirks veränderte sich dahingehend, dass sie zu reinen, allgemeingeltenden Intellektualbezeichnungen wurden (z. B. kluoc, gescheit, wissen). – Hier erhebt sich die Frage nach der Wechselwirkung zwischen Sprache und gesellschaftlicher Entwicklung.

Welche ihrer auflösenden oder befreienden und aufbauenden Kräfte jeweils die Mystik entwickelt und in welchem Maße, das hängt wesentlich von der konkreten gesellschaftlichen, politischen und geistigen Gesamtkonstellation einer Zeit ab. Damit würde auch der Maßstab gegeben sein für ihre relative Einschätzung im historischen Prozeß überhaupt. Jedenfalls können den kirchlichen und staatlichen Institutionen und ihrer Machtausübung von der Mystik her erhebliche Gefahren erwachsen. Daher unterstellt die katholische Kirche die mystischen Erlebnisinhalte ihrer Gläubigen einer Kontrolle. Die Erlebnisse gelten nur dann als von Gott, wenn sie mit dem Inhalt der kirchlichen Lehre übereinstimmen. Es ist ein erregendes Unternehmen, dem Zusammenhang zwischen der Mystik einerseits und dem älteren Humanismus um 1500, der Aufklärung und dem neueren Humanismus um 1800 andererseits nachzugehen, zu untersuchen, welche Bedeutung ihr in der geistigen Emanzipation des Bürgertums zukommt. Im Grunde ist der Spiritualismus, d. h. die rationalistisch durchtränkte Mystik, die Religion des gebildeten Bürgers im 19. und 20. Jahrhundert geworden[7]. Die häufige Vermischung mit chiliastischen Vorstellungen von einer herrlichen Zukunft – herrlich in sozialer, wirtschaftlicher und sittlicher Beziehung – besonders da, wo solche Ideen sich der notleidenden Massen bemächtigen, verlieh ihnen die Schwungkraft zu revolutionären Handlungen.

Wir haben hier nicht zu untersuchen, bis zu welchem Grad subjektiv befreiender oder objektiv auflösender Wirkungen die vorhin genannten Strömungen gediehen sind; es sei nur vermerkt, daß die radikalen separatistischen Pietisten wie Dippel und Edelmann zum Spiritualismus und von da folgerichtig zur Aufklärung fortschritten, wie umgekehrt der Aufklärer Thomasius zeitweilig der Mystik zuneigte, u. a. höchste Bewunderung der unparteiischen Kirchen- und Ketzerhistorie des spiritualistischen Pietisten Arnold zollte, Poirets „de eruditione triplici…" in einer Neuauflage herausbrachte und dazu eine „höchst lobende" Dissertation schrieb.

Unser Anliegen ist es vielmehr, festzustellen, wie weit sich mystische Einschläge in Franckes Leben und in seiner Weltanschauung vorfinden und welche Bedeutung ihnen im Rahmen seiner Pädagogik zukommt. Da ist zunächst die Lüneburger „Bekehrung" des 24jährigen Theologiestudenten (1687), die er selbst ausführlich beschrieben hat. Sie trägt gewiß nicht den Charakter einer mystischen Einswerdung, nicht einer „Deification"; diese Stufe wird nicht erreicht. Das Bewusstsein der Polarität bleibt bestehen. Aber man wird kaum leugnen können, daß mystische Bezirke gestreift werden. Nicht um Wissen, Vernunft und rationale Spekulation geht es hier, sondern um intensives Erlebnis, um einen scheinbar plötzlichen und fundamentalen inneren Wandel, bei dem Francke sich passiv wähnt, es geht um

---

[7] Man denke an die Bewunderung Diltheys für Seb. Franck oder an die Veröffentlichungen des Verlages von Eugen Diederichs.

die Gefühle der Erweckung, Erleuchtung und Entzückung, in der Folge um das Abgestorbensein der „Welt" gegenüber. So verharrt er gewissermaßen in der Vorhalle der unio mystica. Von nun an aber ist er ein fertiger Mensch, der pietistische Francke, der Mann des unerschütterlichen Werkzeugbewusstseins, der sich der persönlichen göttlichen Führung in jeder Einzelheit seines Lebens gewiß ist. Von daher wachsen ihm Sicherheit, innere Würde und wohl auch eine Steigerung herrscherlicher Entscheidungskraft zu, die ihm gelegentlich von Widersachern den Vorwurf papaler Selbstherrlichkeit eintrugen. Er ist davon überzeugt, als Eigen-Ich stets passiv zu sein und nur auf die Fingerzeige von oben zu warten, um danach zu handeln. Die Berichte über den Aufbau der Stiftungen, die „Vestigia Dei", sollen ja den Beweis für diese Führung erbringen.

Der Grad und die Art seiner Neigung zur Mystik erweisen sich auch auf literarischem Gebiet. Mehr aus zufälliger Veranlassung als aus innerem Drang hat er den Guida Spirituale des Quietisten Molinos ins Lateinische übersetzt und war deshalb angegriffen worden. Es ist aufschlussreich, daß er in der Rechtfertigung in seinem „Lebenslauf" sich nur im allgemeinen von den „irrigen prinzipia" des Verfassers absetzt, sie aber im einzelnen gar nicht kennzeichnet, während er ganz konkrete Angaben macht über das, was „nützliches und zur Erbauung höchst vorträgliches" in dem Buch enthalten sei. Ähnlich steht es mit seiner Verteidigung des Spiritualisten Sebastian Franck gegen den Professor Sagittarius, der den Verfasser der „Paradoxa" einen „alten Schwärmer" nannte. Er habe anfangs gegen ihn eine sehr böse vorgefaßte Meinung gehabt, aber nun, nachdem er einiges von Franck gelesen und sein Ende betrachtet, glaube er, dass der Mann ein Kind Gottes gewesen sei. Ebenso nimmt er anfangs den chiliastischen Pietisten Petersen in Schutz, wie er im übrigen sogar eine Zeitlang sein Wohlgefallen hatte an den mirakulösen Zeichen ekstatischer Mägde in Erfurt und Halle. Die mystischen Gaben sind ja nicht an Stand und Bildung gebunden. In seinen Lektionen über die Theologia mystica prägt er den akademischen Hörern ein, daß „gewiß mancher einfältige und arme Bauer, ja manch einfältiges altes Weib, das in des Studenten Augen wohl sehr gering geachtet ist", mehr von der Theologie mystica erfahren habe, als er, der gelehrte Student. Es ist natürlich, daß Franckes Vokabular seinem Erlebnis entsprechend mystisch gefärbte Wörter aufweist wie etwa: Bußkampf, Durchbruch, Erweckung, Wiedergeburt, Gelassenheit usw.; aber er zeigt auch keine Abneigung gegen den Sprachgebrauch der Brautmystik, wie seine Verteidigung eines mystischen Traktats der Katharina von Genua beweist, den er aus des Herrn Poirets französischer Übersetzung übertragen und in der Waisenhausbuchhandlung 1701 erscheinen ließ; ja gelegentlich begegnen bei ihm selbst solche Wendungen wie: Gott schmecken oder umarmen, girren und seufzen und brünstiges Gebet.

Aber sehen wir auf das Entscheidende: der protestantische Mystiker, den er besonders liebt, ist Joh. Arndt. Wenn er ihn, der sich doch aus Tauler und

Weigel nährt, so herzlich empfiehlt, dann auch deswegen, weil Arndt aus „den sciptoribus mysticis den rechten Kern zusammengesucht und dabei den Grund der Propheten und Apostel vorausgesetzt hat", d. h. weil dieser den Maßstab der Bibel und der kirchlichen Lehre als Begrenzung der subjektiven Erlebnisse anerkennt. In seiner ausführlichen „Verantwortung gegen J. W. Mayers ... Beschuldigungen" (Halle 1707) erklärt Francke ausdrücklich, die Behauptung, „ein jeder Pietiste sey Gott, es könne ein Pietiste sagen durch den Weg der Vereinigung: ich bin Gott selbst", sei „eine pur lautere Calumnie"(S. 275). Ebensowenig wie Spener will er sich von dem Boden der Lutherische Kirche entfernen, obwohl doch bei ihm die Rechtfertigung durch den Glauben fast verdrängt wird durch das Erlebnis der Wiedergeburt mit nachfolgender Heiligung in der praxis pietatis, eine Betonung der Bewährung im Leben, wie sie auch der Puritanismus vertritt. Am besten wird Franckes Position vielleicht durch den Titel eines Buches seines Kollegen Joachim Lange gekennzeichnet: „Die richtige Mittelstraße" (1712); gemeint ist die Mittelstraße, die Lange einzuhalten empfiehlt zwischen den Separatisten und Enthusiasten einerseits und den Orthodoxen andererseits. Immerhin bleibt den mystischen Elementen in Franckes Pietismus so viel Kraft, dass sie den harten, trockenen Boden der orthodoxen Kirche lockern und durchwärmen, daß sie Franckes Selbstbewusstsein und den Drang zum aktiven Handeln stärken. Bergson sagt einmal, die Sehnsucht des Mystikers gehe dahin, die Schöpfung des Menschengeschlechtes mit Gottes Hilfe zu vollenden. In dieser Allgemeinheit stimmt der Satz nicht, aber er trifft zu auf Franckes bewundernswerte Tatkraft, die er selbst als Geführtsein erlebt, mit der er die Menschheit zu Ehren Gottes auf den Weg der Besserung zu leiten bestrebt ist.

Es ist sicher, dass ihn außer der Mystik calvinistische Einflüsse in seiner Aktivität, in der Zielsetzung und in der besonderen Färbung seiner Religiosität bestärkt haben. Schon als Kind gab er sich mit Eifer englischpuritanischer Erbauungslektüre hin. Als Gelehrter zeigt er sich auch mit der holländischen Literatur aufs engste vertraut. Er beweist da eine ähnliche Belesenheit wie auf dem Gebiete der Mystik[8]. Es ist für die besondere Situation Deutschlands bezeichnend, daß hier nicht wie in Holland und in England eine bürgerliche Revolution entstand, sondern ein Mann wie Francke sich loyal den Bedürfnissen des merkantilistischen Polizeistaates anpaßte, Francke, der auch zwischen Puritaner- und Luthertum die richtige „Mittelstraße" ging. Herkunft, Erziehung und lutherische Lehre wiesen ihn auf den Weg der friedlichen Reform. A. H. Francke als Revolutionär – ein paradoxer Gedanke. Die immer absoluter werdende Herrschaft der Territorialherren, die ständische Gliederung und der sich entwickelnde Kapitalismus werden von ihm nicht grundsätzlich angetastet, wenn auch de facto der

---

[8] Über die Beziehungen Franckes zum Calvinismus vgl. die Arbeit von Ernst Bartz, Die Wirtschaftsethik A.H. Franckes, 1934.

Hallesche Pietismus auf Staat, Kirche, Stände und Wirtschaft, deren Gesamtzustand er sein Leben verdankte, modifizierend, Neues vorbereitend und zurückgewirkt hat. Francke will als friedfertiger Christ von innen her, d. h. durch die Erziehung, der Menschheit helfen. Der Menschheit! Im Jahre 1701, 6 Jahre nach den Anfängen der Anstalten, legte er seine Pläne nieder in dem „Projekt zu einem seminario universali oder Anlegung eines Pflanz-Gartens, in welchem man eine reale Verbesserung in allen Ständen in und außerhalb Deutschlands, ja in Europa und allen übrigen Teilen der Welt zu gewarten". Es sollen neben den Universitäten als den Hauptseminarien andere Seminaria, nämlich Anstalten zur Erziehung der Jugend aller Stände beiderlei Geschlechts erstehen, dazu Einrichtungen zur Verpflegung der Armen, Waisen und Exulanten. Diese Seminaria müssten „ineinander fließen", und „eins dem anderen die Hand bieten". Aus ihnen könnte man „von Zeit zu Zeit wohlgeratene Pflanzen und Bäume herausnehmen, an andere Orte und in andere Länder aller Teile der Welt und unter alle Nationen versetzen und von ihnen völlige Früchte erwarten und mit Freuden genießen…". Der Anfang dazu sei gemacht in seinen Anstalten. Diese Pläne, die auch in anderen Schriften Franckes berührt werden, überfliegen also in gewaltigem Schwung die Grenzen des Staates; sie reihen sich ein in die Weltverbesserungsabsichten der Joh. Joach. Becher, Comenius, Skytte und Leibniz. Gerade des letzteren weit ausgreifende Gedanken, mit anderen Ländern, insbesondere mit dem Orient, in kulturelle und wirtschaftliche Wechselbeziehungen zu treten, rührten Francke an. In seinem Auftrag hat dann Neubauer den Philosophen in Hannover besucht und die beiderseitigen Entwürfe besprochen. Die realen Auswirkungen dieser christlich-universellen Reformideen Franckes sind bekannt: das collegium orientale, die ostindische Mission, die Entsendung zahlreicher Lehrkräfte in anderer Herren Länder, und umgekehrt die Aufnahme und Erziehung der Angehörigen fremder Nationen in den Franckeschen Stiftungen.

Es erwies sich aber, dass Francke seine Vorhaben nicht allein mit den Mitteln, die private Gebefreudigkeit aufbrachte, durchführen konnte. Er versuchte im Interesse der Stiftungen die Hilfe der feudalistischen Monarchie zu gewinnen und sich der sich in ihr entwickelnden neuen Wirtschaftsweisen, der Manufaktur und des Großhandels, zu bedienen. Mit welcher Genialität er diese Kräfte zu handhaben wusste, ist hier im einzelnen nicht darzustellen. Es verdient aber hervorgehoben zu werden, dass Francke von sich aus die Bundesgenossenschaft des Staatoberhauptes und seiner nächsten Mitarbeiter suchte und sie zu seinen Zwecken einspannte. Die Bestimmungen des eingangs angeführten Privilegs des Kurfürsten sind von Francke selbst ausgedacht; darüber geben die Akten der Stiftungen Auskunft. Am 8. 3. 1698 stellte er dem Geheimrat von Chwalkowski die „puncta" zu, auf die er Wert legte, mit der Bitte, sie dem Kürfürsten zu unterbreiten; sie enthalten Bestimmungen zur „Etablierung" eines „konsiderablen" Waisenhauses zum „Besten des ganzen Landes", dessen Insassen „zu guten

Untertanen erzogen werden sollen". Die Bestimmungen betreffen die Akzisefreiheit, die Privilegierung einer Buchdruckerei, einer Buchbinderei, einer Buchhandlung und einer Apotheke, ferner die Freiheit, Manufakturen anzulegen, und die Brau- und Backfreiheit für die Speisung der Armen[9]. Nach dieser Eingabe kamen ihm in den folgenden Monaten neue Gedanken für die Finanzierung und Bevorrechtung der Stiftung vor allem hinsichtlich ihrer Selbständigkeit gegenüber der Stadt und den Regierungsbehörden; sie sind in einer neuen Eingabe, die Francke laut Tagebuch dem Herrn Fuchs überreichte (am 30. 8. 1698), mit den alten Vorschlägen in 29 Punkten zusammengefaßt. Dieser Entwurf bildete die Grundlage des Privilegiums[10]. Die Selbständigkeit sollte der Anschluß der Anstalten an die Universität als annexum gewährleisten; übrigens wurde Francke von der Universität in manchen seiner Pläne unterstützt[11]. Die Führung des Staates begriff, daß man das große Unternehmen „keinem Lande zumuten könnte", daß es vielmehr ein „opus regium" wie die Universität sein müßte[12]. Sie erkannte den Nutzen der Stiftungen für das „gemeine Wohl" – Verminderung der Zahl von Bettlern, die Heranbildung von Handwerkern, die Bereitstellung des Nachwuchses für die Universität, die Erziehung von berufstüchtigen und gehorsamen Untertanen. Hatte doch V. L. v. Seckendorff, der erste Kanzler der jungen Universität und der Gönner Franckes, in seinem an den Höfen und Hochschulen vielstudierten Handbuch „Teutscher Fürstenstaat" seinen Lesern eingeprägt, daß die „Untertanen durch Anführung zur Gottesfurcht desto bescheidener, gehorsamer und williger werden zu allem Gutem, auch in weltlichen Sachen"[13]. Zudem waren dem reformierten Herrscherhaus die nach Halle berufenen Pietisten genehmer als die streitsüchtigen lutherischen Orthodoxen. Ausdrücklich bekannte sich die theologische Fakultät in Halle unter Berufung auf Röm. XIII, um jeden Zweifel orthodoxer Gegner abzuwehren, zur Gehorsamspflicht gegenüber der Obrigkeit, im Gegensatz zu utopistischen Thesen Dippels; umgekehrt spricht sie aber auch im Gegensatz zu Thomasius der Obrigkeit die Pflicht zu, „Sorge zu tragen... für der Untertanen sowohl geistliche als leibliche Wohlfahrt"[14]. Dank dieser lutherischen Grundposition geriet Francke durch seine universellen Pläne nicht in grundsätzliche Konflikte mit dem Dienst am „gemeinen Nutzen" des Staates. Auch hier erwies er sich als ein Mann der „richtigen Mittelstraße".

---

[9] Archiv, Tit. II, Nr. 1, S. 62/63.

[10] Archiv, Tit. III, Nr. 2, Wie seine Churfürstl. Durchlaucht ohne einigem Schaden alle zu Glaucha in Halle der Erziehung der Jugend, und Verpflegung der Armen, gemachte Anstalten sekundieren, und also das Interesse dero Regiment und Landen, und insonderheit hiesiger Stadt und Universität dadurch befördern können.

[11] Archiv, Tit. II, Nr.1, S. 78.

[12] Brief Franckes vom 27. 8. 98; Archiv, Tit. II, Nr. 18, S. 13.

[13] V. L. v. Seckendorff, Teutscher Fürstenstaat, Anderer Teil, Kap. XI, Teil III.

[14] Zum Beispiel: Der theol. Fak. zu Halle Verantwortung gegen J.F. Mayers ... kurzen Bericht von Pietisten, Halle 1706, S. 142 ff.

So ergab sich seine Symbiose mit dem Staat, bei der die in Halle entwickelten pädagogischen Ideen und Methoden weithin in das öffentliche Bildungsleben aller Stufen einströmten.

Es gehört zu Franckes Wesen, dass er sich ständig in pädagogischer Verantwortung weiß, sich unablässig erzieherisch betätigt: als Pfarrer, der die materiell und sittlich heruntergekommene Gemeinde wieder „in Ordnung bringt", als Professor, der seine Studenten weniger zu theologischen Wissenschaftlern erzieht als zu Seelsorgern, die der Gemeinde in ihrem Lebensnöten helfen können; insonderheit als Leiter seiner Anstalten. Auf Originalität legt er weder in der Pädagogik noch in der Theologie Gewicht; er nimmt Ideen und Einrichtungen auf, woher sie auch kommen, nach dem in seinen polemischen Schriften oft ausgesprochenen Grundsatz: „Prüfet alles und behaltet das Gute", d. h. nach der Prüfung an den Maßstäben des Halleschen Pietismus. Die so auf ihren Wert befragten, gegebenenfalls gereinigten Ideen und Einrichtungen haben die große Aufgabe zu erfüllen, der Erziehung und Bildung der Jugend aller Volksschichten beiderlei Geschlechts zu dienen. Diese Erziehung ist auf einen festen Punkt auszurichten: auf die Ehre Gottes und den allgemeinen Nutzen. Zwar wird die „Ehre Gottes" auch von den Jesuiten und den Calvinisten vorangesetzt, aber erst durch die Hinzufügung des „allgemeinen Nutzens" bekommt die Pädagogik Franckes eine charakteristisch soziale Tönung.

Wenn nun die Erziehung als das Wichtigste obenan steht, hinter der der Unterricht in den Wissenschaften auf den zweiten Platz zurückfällt, so ist das einmal aus den Zeitverhältnissen zu verstehen, die Francke immer wieder in seinen pädagogischen Erörterungen, in Denkschriften wie in Predigten mit bewegten Worten schildert, aus der Verwahrlosung aller Stände, aus der Zuchtlosigkeit der Schuljugend, dem „wilden, frechen, rohen Wesen", das auf der Universität „unter dem Namen einer akademischen Freiheit" geht; aus der Gleichgültigkeit des Lehr- und des Regierstandes und der „Neigung des niederen Volkes zur Müßigkeit und Schwelgerei". Die Obrigkeit greife nicht ein „unter dem Macchiavellistischen Praetext, die Leute bei ihrer Last in etwas zu soulagieren und williger zu machen …" Man bekümmere sich nicht um die Waisen, Armen, Elenden. „Wieviel tausend arme Kinder hat man verwildern, und welche große Menge erwachsenen Bettelvolkes hat man im Lande herumziehen lassen, ohne nur daran zu gedenken, was dieses dem Lande für Schaden bringe, dass eine solche Menge Menschen ohne Zucht, ohne Unterricht, ohne Aufsicht und Ordnung gelassen und in den Müßiggang übergeben worden, da sie denn durch Veranlassung des Müßigganges in Diebstahl, Hurerei, Mord und Straßenraub verfallen und viel andere Greuel und Laster verübet"[15].

Der Vorrang des erzieherischen Gedankens und seine besondere Färbung ergibt sich zweitens aus der pietistischen Reaktion auf diesen Anruf der

---

[15] „Großer Aufsatz", ed. Fries, Kap. I.

Wirklichkeit. Es wäre zu grob zu behaupten, wie das manchmal geschieht, daß der Hallesche Pietismus eine Flucht vor der Welt bedeutet. Zu einem solchen Urteil verführt leicht seine Forderung, sich nicht „der Welt" „gleichzustellen". „Welt" heißt hier die „verderbte" menschliche Gesellschaft. Der „Erbsünde" kann zwar theoretisch niemand, auch der Fromme nicht, entgehen. Wohl aber kann verhindert werden, daß sich auf ihrem Boden Sünden, die in der tatsächlichen Übertretung der einzelnen Gebote Gottes bestehen, entwickeln. Man kann im täglichen Kampf gegen die Begierde einen hohen und immer höheren Grad der Vollkommenheit, des kontrollierbaren frommen Lebenswandels, der sanctificatio erreichen. Das erfordert eine Pädagogik der Verhütung und Behütung, auf daß der Mensch, insbesondere der heranwachsende, nicht den Lockungen zum Opfer falle, die sich durch das gesellschaftliche Zusammenleben ergeben. Sie lauern in den Adiaphora, dem Tanz, dem Kartenspiel, der Komödie, der Scherzrede usw., die Zeitvergeudung bedeuten und Anlaß zu fleischlichen Sünden geben. Die „Welt" muß gleichsam von diesem Gift filtriert und das Filtrat neu durchtränkt werden mit dem Geist der bürgerlichen Tugenden: Wahrheitsliebe, Gehorsam und Fleiß, die insonderheit den Kindern einzupflanzen seien[16], in ihrer Folge die Tugenden der Sauberkeit, Pünktlichkeit, Ordnung, Sparsamkeit und Hilfsbereitschaft. In der sittlich-religiösen Durchseelung der Welt besteht gerade die Aufgabe des Christen, für den eine solche Bestätigung „eine köstliche Sache auch in diesem Leben sei"[17]. Betrachten wir unter Berücksichtigung der pädagogischen wie auch der theologischen Schriften Franckes die drei Kardinaltugenden genauer, so wird ersichtlich, dass sie für den Bürger, welcher Schicht auch immer, mit Ausnahme des Künstlers, günstige Voraussetzungen für den materiellen und gesellschaftlichen Aufstieg bilden.

1. Die Wahrheitsliebe. Sie macht das Herz durchsichtig. Sie ist also, darf man hinzufügen, die Voraussetzung sowohl für die Kontrolle des Nächsten wie für die eigene Sicherung. – Die Liebe zur Wahrheit überliefert ferner das unverzerrte Bild der Wirklichkeit: sie duldet keine „Märlein", keine „Comödie, Possenspiel, Romanen oder Liebesgeschichten, politischen Maulaffen und anderer Narrentheidung", denn dadurch wird „die Welt betrogen".

2. Fleiß und Liebe zur Arbeit. In seinen Predigten gibt Francke eine Reihe von Gründen für die Verpflichtung des Menschen zur Arbeit an, die an die Argumentation des Calvinismus erinnern: Gott hat die Arbeit befohlen; sie gehört zur Natur des Menschen; sie ist zur Lebensfristung nötig und verhindert, dass man anderen zur Last falle, denn so jemand nicht arbeiten will, der soll auch nicht essen; sie lenkt von der Sünde ab; sie macht es möglich, dem Bedürftigen zu geben. Die Zeit, „das allerköstlichste in die-

---

[16] Kurzer Unterricht, Kap. XII.
[17] Lect. Par. VII, 341.

sem Leben", „auszukosten", nützlich anzuwenden, ist hohes Gebot. Es gilt auch für die Kinder. – Die „Liebe" zur Arbeit ist nach Francke der Motor der materiellen Produktion, sie verschafft die Mittel nicht nur zur Selbsterhaltung, sondern auch zur Machtausübung; so will der Pietist nicht „anderen zur Last fallen", nicht von anderen abhängen. Wohl aber selbst spenden wie der calvinistische Kaufherr, und sei es auch nur in der mehr unpersönlichen und anonymen Form einer gemeinnützlichen Stiftung.

3. Der Gehorsam. Beide, Gehorsamsgebot und Gehorsamstugend, hängen mit einem Wurzelstrang in der Mystik, sowohl mit der Begründung wie in der sprachlichen Formulierung. Franckes berühmte Forderung nach „Brechung des natürlichen Eigenwillens", d.h. der natürlichen Triebe, Instinkte, Affekte, entstammt mystischem Vokabular. Es geht darum, dem Eigenwillen die „Eigen"-heit zu nehmen oder, wie Jak. Böhme sagen würde, die „Selbheit" zu vernichten und ihn einschwingen zu lassen in Gottes durch die heilige Schrift offenbarten Willen, bis das Ziel der mortificatio erreicht ist, d.h. bis sich der Erzogene als „Werkzeug" Gottes erlebt und als solches „gelassen" der Ehre Gottes und dem gemeinen Nutzen dient. Der Wille der Eltern, der Erzieher und der Obrigkeit ist insoweit für den Zögling verpflichtend, als er dem Willen Gottes entspricht. Die beunruhigende Frage, was zu tun sei, wenn die Obrigkeit nicht auf Gottes Wegen wandele, beantwortete Francke in dem „Nikodemus" genannten Traktat „über die Menschenfurcht" mit dem Hinweis auf die Pflicht der Hofprediger, der Obrigkeit das Gewissen zu schärfen. Im übrigen: „Man soll Gott mehr gehorchen als den Menschen. Die Oberen werden Rechenschaft geben müssen, wenn sie unbillige Dinge begehren: und du wirst Rechenschaft geben müssen, wenn du ihnen in unbilligen Dingen folgst, oder wenn du um ihretwillen unterlässt, was Gott von dir fordert"[18]. Mit jenem allgemeinen Hinweis und dem Blick auf eine jenseitige Vergeltung, also am Puritanismus gemessen mit einer zahmen Lösung, lässt er es bewenden. Die strenge Bindung der pietistischen Untertanen aber im Gehorsam an bestimmte und bekannte Normen garantiert ihre Zuverlässigkeit und Vertrauenswürdigkeit in der bürgerlichen Gesellschaft.

Die Methoden, die zur Erweckung der drei Tugenden dienen sollen, sind lebendiges Beispiel der Erzieher, biblisches oder literarisches Exempel, moralische Belehrung oder Ermahnung, verbunden mit der Einprägung von Merksätzen, sachlich und psychologisch angemessene Strafen, Kontrolle durch Katechese, Beichtstuhl, Nachfrage bei den Eltern, Selbstprüfung (Tagebücher und Aufsätze) und unablässiges Gebet, wobei den freien, improvisierten Gebeten auch in der Gemeinschaft eine besondere Bedeutung zukommt, und schließlich dauernde Übung der Tugenden in der Gemeinschaft. Als ideale Organisationsform der Erziehung empfiehlt sich das Internat, in dem die Zöglinge, herausgelöst aus der „verderbten Welt", unter

---

[18] Nikod., Kap VII, Nr. 5; IV, 5; V, 5.

ständiger Aufsicht stehen, die Francke als den „nervus" der Erziehung bezeichnet. Bei alledem aber sind Übertreibungen zu vermeiden. Francke schärft in den Anweisungen für die Erziehung zur Arbeit und desgleichen für Übungen im gegenseitigen Gehorsam dem Erzieher ausdrücklich ein, dass er wissen müsse, „wie er die Mittelstraße zu halten habe"[19].

In mancher Hinsicht gleichen diese Maßnahmen der puritanischen „self-control" und dem jesuitischen Willenstraining; denn um eben das, um eine Willenerziehung, geht es auch bei Francke. Der Wille erscheint als die wesentliche Kraft des Charakters. Es kommt darauf an, ihn auf das Endziel richtig zu lenken. Dabei müssen Wille und Verstand Hand in Hand gehen. Der Verstand muß „heilsame Lehren fassen, wann der Wille ohne Zwang folgen solle". In der Pflege beider Kräfte, vornehmlich aber des Willens, besteht die „cultura animi" oder die „Gemütspflege"[20]. Wenn auch der Begriff des „Gefühls" in Franckes psychologischer Terminologie fehlt, ein zeitbedingter Mangel, der in der Literatur Mißverständnisse verursacht hat, so selbstverständlich nicht in seiner praktischen Menschenbehandlung. Francke – wie sollte es bei ihm, dem Erweckten, dem Wiedergeborenen, anders sein – weiß sehr wohl um die Bedeutung der Gefühlserregung durch sinnliche Anschauung und Phantasie, er kennt das „mit lebendigen Farben vor die Augen Malen"[21], den Appell an „höhere" Gefühle. Doch mögen auch seine theoretisch-psychologischen Kategorien grob und allgemein sein – die Einteilung der „ingenia" der Kinder und die Bewertung der „Kapazität" gehen nicht über das Herkömmliche hinaus -, so beweist er einen bemerkenswerten psychologischen Scharfblick in konkreten, praktischen Fragen, ob sie nun die Handhabung der Katechese, die Grundregeln des Lernens und der Aufmerksamkeit oder die Herstellung und Wahrnehmung der Disziplin betreffen, ganz zu schweigen von der klugen Behandlung einflußreicher Persönlichkeiten. Er weiß auch genau um den Druck und den Zwang, den er durch seine Willenszucht auf die Kinder ausübt, er sieht die damit verbundenen Gefahren des Maulgeplappers, der Heuchelei und Lüge, des religiösen Krampfes. Um sie zu mindern, behandelt gerade er, der durch sein Beispiel als „Wiedergeborener" verführte, gelegentlich Erweckungsepidemien in den Anstalten sehr vorsichtig und unterlässt jeden Methodismus[22]. Im übrigen verfolgt er unbeirrt den Weg der Willenszucht, um schon im Kinde die „Bosheit" zu unterdrücken, die „aus dem innerlich bösen Samen des menschlichen Herzens" stammt. Diese Zucht auf ein objektives Ziel hin ist ihrem Wesen nach zugeordnet einer „Liebe" zu dem Menschen, die, wie Franckes Mitstreiter Joachim Lange sagt, „überhaupt nicht die

---

[19] Kurzer Unterricht, Kap. XII.
[20] Kurzer Unterricht, Kap. II u. III.
[21] Segensvolle Fußstapfen, Kap. I, 7.
[22] G. Kramer, A.H. Francke, 1882, II, 424 ff. – A. Tholuck, Gesch. d. Rationalismus, 1867, I 23 und 38.

Kreatur liebt, sondern nur Gott in der Kreatur", und zwar so, wie ihn die Hallenser sehen[23]. Eine solche mehr unpersönliche Liebe verträgt sich nur schwer mit einer wirklichen Freude an der Eigenart einer Individualität, mit der Liebe zu diesem bestimmten Kinde in seiner Einmaligkeit, mit der pädagogischen Liebe im gärtnerisch-humanistischen Sinn. Für deren abwartende Behutsamkeit war in Deutschland die Zeit nach dem 30jährigen Krieg in der pädagogischen Praxis noch nicht reif. Die Zuchtlosigkeit der Jugend und die Disziplinschwierigkeiten in den verschiedenen Schularten, besonders in dem vornehmen Pädagogium, bereiteten Francke und seinen Erziehern die größten Sorgen, wie uns u. a. der Waisenhausinspektor J. Töllner (gest. 1715) berichtet[24]. Wo Francke sein Augenmerk in der Selbstkontrolle auf das menschliche Innere richtet, da geschieht es mit der Bekümmernis, die der natürlichen Verderbtheit dieses Gegenstandes entspricht, als ein misstrauisches Maßnehmen des realen Menschen an seiner erstrebten christlichen Idealgestalt – denn auf dieses Endziel ist Franckes Auge bei seiner Wanderung auf der „richtigen Mittelstraße" mit der Blickstarre eines Ignatius geheftet. So treten ihm die individuellen Züge des Kindes nicht als Eigenwerte, sondern nur in ihrer Relation zu Gottes Ehre und zum gemeinen Nutzen ins Gesichtsfeld, er sieht „den" Menschen als Gattungswesen und „das" Kind, wie sie allgemein ihrer bösen „Natur" nach sind, und darüber als Leitstern das ebenfalls allgemeine Idealbild des christlichbürgerlichen Menschen. Das Generelle, das Normative siegt über das Individuelle und Originelle. Dadurch erhält seine Pädagogik die typisierende Kraft. Ein Beispiel dafür ist die große Familienähnlichkeit der Schulleiter im Frankenlande, die an den Hallenser Anstalten ausgebildet wurden: „lauter Francke's en miniature ohne jeden eigenen Zug"[25].

Diese auf Vereinheitlichung und Normierung der Zöglinge bedachte Pädagogik könnte wundernehmen, wenn man bedenkt, dass an sich die Mystik gerade zum Individuum neigt. Ihre Ehe mit dem Luthertum jedoch erzeugte eine Religiosität, die bei den Hallensern erwuchs aus ihrem Verständnis der an Ausdeutungsmöglichkeiten so reichen Heiligen Schrift. Sie trafen eine Auswahl biblischer Normen, die unter dem Druck der sozialen und politischen Verhältnisse geschah, durch die die subjektiven Erlebnisse kontrolliert und reguliert wurden.

Diese religiös-sittliche Willenszucht, mit deren Hilfe die christlich motivierten Tugenden des Bürgers erweckt werden sollen, ist vornehmstes Gebot an allen Schulen der Anstalten, gleichviel welche Stände sie zu erziehen haben. Sie enthält wie die Mystik eine – sit venia verbo – demokrati-

---

[23] A. Tholuck, a. a. O., S. 23.
[24] G. Thiele, Gesch. d. preuß. Lehrerseminare, 1938, I.-Mon. Germ. Paed., LXII, 333.
[25] Mor. Warter [sic! Eigentlich: Wachter], Das psychol. Moment in der Erz.- u. Unterrichtsmethode A.H. Franckes, Diss. Bamberg 1930.

sche Tendenz. Darüber wird uns u. a. in dem Tagebuch Franckes über seine Reise nach Süddeutschland des öfteren berichtet. Dem steht gegenüber das Verhalten der nicht pietistischen kursächsischen Ritterschaft, die 1682 in Dresden den Wunsch aussprach, dass ihre Kinder nicht mehr zusammen mit den Bürgern in den Fürstenschulen erzogen würden, und die 1672 die Haustaufe verlangte, weil es „disreputierlich" sei, „wenn ein vornehmes Kind mit demselben Wasser getauft würde, mit welchem gemeine Kinder getauft sind". – Zwar waren auch die Anstalten der Zeit entsprechend ständisch gegliedert: die Waisen-, Armen- und Bürgerschulen für die Unterschichten (Nährstand), die Lateinschule für die mittlere und gehobene Schicht (Lehrstand), das Pädagogium für „Herrenstandes, adelicher und anderer fürnehmer Jugend" (Regierstand), wobei unter „anderer fürnehmer Jugend" vornehmlich die Kinder wohlhabender Leute, von Beamten und Geistlichen zu verstehen sind. Aber – hier zeigt sich wiederum die im demokratischen Sinne ein wenig nivellierende Tendenz auch des gemäßigten Pietismus – durch etliche Umstände wurden die so Geschiedenen wieder näher zusammengerückt, dadurch nämlich, daß die durch Anlage und Fleiß ausgezeichneten Waisenkinder nicht wie die übrigen für das Handwerk bestimmt, sondern auf die Lateinschule und von dort z. T. auf die Universität geschickt wurden, die Universität aber auch das Ziel der Ausbildung auf dem Pädagogium war, auf dem Adlige und Bürgerliche zusammen lebten, und zwar infolge der Abneigung der Pietisten gegen den „éclat" in einem bürgerlichen Stil[26]. Francke ließ für die Insassen des Pädagogium eine „Nützliche und nötige Handleitung zu wohlanständigen Sitten" drucken (Waisenhaus 1706, anonym). Hier wird auseinandergesetzt, dass ein gutes Benehmen dazu beitrage, den jungen Mann zu einem „nützlichen Werkzeug seines Nächsten" zu machen. Echte Höflichkeit sei die Frucht der Demut und der Liebe, und die höchsten Personen müssten sich am meisten demütigen. Das Buch zieht zu Felde gegen oberflächliche „Weltförmigkeit", „Galanterie und überflüssiges Komplimentieren", gegen allzu modische und luxuriöse Kleidung, in summa also gegen den Einfluß des französischen Hofes. Der gut erzogene junge Mensch soll sich sittig, bescheiden, unaffektiert und Höheren gegenüber „freimütig", d.h. weder frech noch servil benehmen. Von dieser Freimütigkeit haben übrigens pietistische Prediger manch erbauliches Beispiel vor Fürstenthronen abgelegt. Im „Kurtzen und einfältigen Unterricht" versichert Francke, daß zwar „keineswegs ... intendieret wird", „man wolle die Stände aufheben"; doch hat Gott befohlen, daß die Christen

---

[26] Aus den Scholarenlisten ist die ständische Zusammensetzung zu ersehen. Das Pädagogium besuchten z.B. 1695/98: 4 Adelige; 65 Bürgerliche –1708: 10 Adelige; 21 Bürgerliche –1718: 15 Adelige; 20 Bürgerliche. 1730: 30 Adelige; 15 Bürgerliche. – Das Ansteigen des Prozentsatzes an Adeligen erklärt sich u.a. aus den relativ geringen Kosten der Erziehung, das Absinken der Bürgerlichen aus der Entwicklung der Lateinschule.

einander untertan seien und der Große dem Geringeren dienen solle. Darum seien die Kinder daran zu gewöhnen, „auch Ihresgleichen und Geringeren" Gehorsam zu leisten. Deshalb dürfe man nicht „die Kleinen als Junker und große Herren traktieren" und umgekehrt nicht dem Gesinde gestatten, „daß sie anders als bescheidentlich sich gegen die Kinder verhalten". Auf beiden Seiten ist es schädlich, wenn hierinnen nicht die Mittelstraße gehalten wird". Zu der ökonomischen Entfeudalisierung des Adels durch seine Beteiligung an Manufakturen und Bergwerken trat auf geistigem Gebiet die pietistische Verbürgerlichung der Sitten[27].

Dem „demokratischen" Zug des Pietismus entspricht schließlich Franckes Sorge um die Mädchenbildung sowohl der unteren wie der oberen Schicht. In seiner Vorrede zu Fénelons Traktat von der Erziehung der Töchter beklagt er bitter die Sorglosigkeit des niederen Volkes wie der höheren Stände und der Obrigkeit hinsichtlich der weiblichen Bildung (1698). Franckes Urteil über die Mädchenerziehung wird man ergänzen dürfen durch die Äußerung seines Freundes Seckendorff im „Christenstaat"(1685); man spüre, heißt es dort, „wie fähig das Weibsvolk aller Lehre ist, dazu man sie ziehen will; so weiß man auch, was sie in Regierung der Gemüter vermögen, dass sich auch die gelehrtesten und mutigsten Männer selten des Weiberregimentes entbrechen können". Namentlich für die Aufrechterhaltung der christlichen Zucht sei der Einfluß der Frau wertvoll. Betreffs der Gelehrsamkeit der Weiber, heißt es etwas unbestimmt, sei „eine Mittelstraße zu treffen". Francke ging hier allerdings einmal über die Mittelstraße hinaus, indem er in seinem Gynäceum den Töchtern „fürnehmer Stände" die Gelegenheit bot, auch die Sprachen der Heiligen Schrift, Griechisch und Hebräisch, zu lernen.

Dieser Bildungsausgleich, dem er sich annähert sowohl zwischen den Geschlechtern wie zwischen den unteren und oberen Schichten, soll jedoch neben der religiösen Weltanschauung auch die Steigerung des Wissens um die Dinge dieser Welt bewirken. Es ging um die Hebung der Volksbildung zur Ehre Gottes und zum gemeinen Nutzen, angefangen mit dem Unterricht für Bürgersleute, die in ihrer Jugend nicht Lesen gelernt hatten, über die sogenannten Kulturtechniken in den Armen-, Waisen- und Bürgerschulen bis zu der differenzierten Ausbildung im Pädagogium für die junge Elite des Staates, der Kirche und der Wissenschaft. Pflegte man bis dahin in Deutschland die Waisenhäuser mit Arbeits-, Zucht- und Irrenhäusern zu verbinden und die Waisen gewöhnlich entsprechend als Arbeitskräfte auszubeuten, so wurde das in Halle grundsätzlich anders. Francke übernahm bei seiner Reform wertvolle Anregungen aus den charitativen Einrichtungen der Niederlande, des von den Deutschen bewunderten Vorbildes bürgerlicher Kultur. Die Kinder wurden unterrichtet und ausgebildet nach Maßgabe ihrer „ingenia" zum gemeinen Nutzen. Die Berichte der Zeitgenossen sind

---

[27] C. Hinrichs, Frdr. Wilh. I., 1941², 579.

nia" zum gemeinen Nutzen. Die Berichte der Zeitgenossen sind darüber voll des Staunens, der Bewunderung oder voll gehässiger Kritik[28].

Der Förderung des Nutzens dient die christliche Klugheit, die auf den „Säulen" der „Wissenschaft oder Erkenntnis und der Erfahrung" ruht, gleich, ob sie mit irdischen oder geistlichen Dingen umgeht[29]. Ihrem Wesen nach ist sie offenbar mystischer Natur: sie stammt aus Gott. „Demnach muß sie auch wieder in diese Quelle fließen, daraus sie geflossen ist." Sie „muß Gottes Ehre zum Ziel und Zweck haben und muß alle anderen Dinge gebrauchen, solchen heiligen Zweck zu erreichen". Sie erkennt in der Natur die Größe Gottes, fühlt sich als sein Werkzeug und stellt den Erfolg des Handelns ohne Menschenfurcht „gelassen" der providentia dei anheim. Von dieser christlichen Klugheit ist die Weltklugheit zu unterscheiden, vor der Francke nicht genug warnen kann, denn statt Gottes Ehre sucht sie die Ehre vor den Menschen. In der Unterrichtspraxis wird daher jedes Fach ins Erbauliche gewendet und zu Gott in Beziehung gesetzt, wie das auch die Aufklärer liebten; diese „wahre Klugheit" beförderte zugleich aber auch die Verbreitung sachlichen Wissens, begünstigte das Einströmen moderner Bildungselemente in den Unterricht. Doch hielt Francke auch hier zwischen Altem und Neuem die Mittelstraße. Im übrigen wählt er den Stoff vor allem aus dem Gesichtspunkt des gemeinen Nutzens. Der Tatsache, daß Latein noch immer die internationale Gelehrtensprache war, wird wie auf anderen Gymnasien Rechnung getragen; doch ging es dabei weniger um die Annäherung an das klassische Vorbild als um die praktische Beherrschung dieser Sprache in Wort und Schrift. Griechisch und Hebräisch gehörten vor allen Dingen zur Vorbildung der Theologen. Im Unterricht des Französischen, der Umgangssprache der „fürnehmen" Gesellschaft, wurde wie in den Ritterakademien, besonderer Wert auf das „parlieren" gelegt; es sollte fast wie eine zweite Muttersprache beherrscht werden. Das Deutsche, um dessen Pflege bereits die Sprachgesellschaften des 17 Jahrhunderts, Pädagogen wie Ratichius und Weigel, Staatsmänner wie Seckendorff sich bemüht hatten, fand unter dem Einfluß des Thomasius, des Vorkämpfers der deutschen Sprache an der Universität, einen bescheidenen Platz im Pädagogium in Form der „deutschen Oratorie". Sie wurde ein halbes Jahr betrieben mit dem Zweck, daß die „Anvertrauten eine geschickte Rede, einen wohlgesetzten Brief und ein gutes Carmen machen" lernten[30]. Das war wenig gegen-

---

[28] Wir können aus den Rechnungen der Stiftungen feststellen, daß die Arbeit der Kinder im Spinnen und Stricken dem Waisenhaus selbst zugute kam. Im übrigen vgl. zu dem Thema Waisenhäuser G. Uhlhorn, Die christliche Liebestätigkeit, 1884 u. 1890, Bd. II, 295; III, 207 u. 247. – A. Krebs, A. H. Francke und Friedrich Wilhelm I., S. 19 f.

[29] Kurzer Unterricht, Kap. XVIII ff.

[30] Verb. Methode des Pädagogiums, Franckes päd. Schriften ed. G. Kramer, 1885, S. 328 ff.

über den erfolgreichen Versuchen des Zittauer Rektors Christian Weise, der das Deutsche zu einem Hauptfach des Gymnasiums machen wollte[31]; es muß aber dennoch als Fortschritt vermerkt werden, als Ausdruck einer, wenn auch nicht stark entwickelten, nationalen und demokratischen Tendenz, sich gegen die einseitige Herrschaft des Lateinischen und Französischen zu wehren. – Bahnbrechend für die Schulentwicklung dagegen wurde Francke durch die Aufnahme nicht allein der Mathematik, sondern auch der sogenannten Realien in den Unterricht, mit der er dem Wissensdrang, der Entwicklung der Wissenschaft und den modernen praktischen Bedürfnissen seiner Zeit entgegenkam. Daß er selbst diesem Sektor des Wissens nicht fernstand, zeigen seine Beziehungen zu dem berühmten Tschirnhaus und die Aufnahme naturwissenschaftlicher Schriften, z. B. die des bedeutenden Hallenser Chemikers und Arztes G. E. Stahl, des Vertreters der Phlogistontheorie. Zwar war die Einführung mathematisch-naturwissenschaftlicher Stoffe in den Unterricht kein origineller Gedanke: Evenius und Reyher in Gotha, deren Pläne ihm überhaupt für die Einrichtung der deutschen Schulen als Vorbild dienten, und der Professor Erh. Weigel in Jena hatten bereits die Pflege der Realien gefordert, z. T. auch praktisch durchgeführt. Auf breiterer Basis wurde sie von Francke realisiert. Ein für das gemeine Wesen nützlicher Mann müsse, so meinte er, das Elementarste in Geographie, Geschichte, Astronomie und Physik wissen. Daher wurde auch in den niederen Schulen in den Erholungsstunden einiges davon mitgeteilt; im Pädagogium füllte ebenfalls die Beschäftigung mit historisch-geographischen und mathematisch-naturwissenschaftlichen Disziplinen zunächst die sogenannten Recreations- und Relaxationsstunden, sie wurden dann aber später in den Stundenplan eingebaut. Wenn uns auch heute die Unterweisung in Universalgeschichte und Erdkunde, in Mathematik, Astronomie, Physik, in Mineralogie und Meteorologie, in Botanik, Zoologie und Medizin, in Ökonomie (mit Besuch von Handwerkern und Manufakturen) zu summarisch erscheinen, so bedeutet doch die Einführung dieser Fächer und der Handarbeit (Drechseln, Papparbeiten, Schleifen optischer Gläser) einen großen Fortschritt in der Geschichte des Unterrichts. Von Franckes Bemühungen her nimmt bekanntlich das Realschulwesen seinen Ausgang. Die Eindringlichkeit des Unterrichts wurde unterstützt durch die Benutzung des botanischen Gartens der Anstalten und durch die berühmte Naturalienkammer, wie denn überhaupt die damals aufblühenden Naturalien- und Kuriositätenmuseen ein beredtes Symptom der Zeit sind. Die z. T. erhaltene Franckesche Sammlung aber ist als erste von pädagogischen Gesichtspunkten aus angelegt. Es liegen uns handschriftliche Konvolute vor, die sorgfältig und liebevoll den Stoff für naturwissenschaftliche Unterrichtsstunden zusammenstellen; dass wirklich diese Fülle an Material den Schülern mitge-

---

[31] Vgl. Chr. Weise, u. a. Politischer Redner, 1676; Oratorisches System, 1707.

teilt werden konnte, ist unwahrscheinlich, obgleich Francke dem Zeitgeist entsprechend zum Polyhistorismus neigte. Er bekannte sich zwar ausdrücklich zum „Non multa sed multum" und verurteilte das „In omnibus aliquid, in toto nihil"; tatsächlich jedoch können seine Schüler den Gefahren des Vielerlei nicht entronnen sein, denn die Fächer wurden jedes nur in einem Kursus von einigen Monaten betrieben. Überhaupt empfand Francke den „kurzen und leichten" Unterricht als einen Vorzug seiner Methode; in den Anweisungen für die Lehrer wird immer wieder eingeprägt, „summarisch", „so kurz als möglich" zu verfahren – notwendigerweise, denn die gesamte Universalgeschichte z.B. sollte in einem halben Jahre erledigt werden. Darum spielen die Übersichten, Abrisse, Tabellen, Kompendien und Repetitorien eine große Rolle. Und wenn Francke auch verlangte, das judicium zu pflegen und nicht so sehr die memoria, so darf man an dem Erfolg dieser Forderung füglich zweifeln, zumal er bei dem außerordentlich hohen Bedarf an Lehrkräften auf Theologiestudenten angewiesen war. Die Gefahr des Kompendienwissens konnte kaum wirksam ausgeglichen werden, weder durch das Prinzip des Fachsystems, in dem jeder Schüler, gleich welchen Alters, lediglich nach seinen Kenntnissen in den verschiedenen Fächern verschiednen Gruppen zugeteilt wurde, noch durch das Prinzip der von Ratke und Comenius empfohlenen und von ihm übernommenen Konzentration, wonach der Zögling nicht mehr als drei Fächer gleichzeitig betreiben durfte, noch durch die von Francke und Spener entwickelte Katechese, d. h. die Kunst der zergliedernden, erläuternden und die Erkenntnisse auf die Praxis beziehenden Frage, eine Kunst, die von der Theologie auf die Behandlung auch der realistischen Fächer übertragen wurde und die sich begegnete mit der von Joh. Hübner, dem Schüler Weises, betriebenen Fragekunst.

Niemand sah die fachliche und pädagogische Unzulänglichkeit der Studentenlehrer genauer als Francke selbst[32]. Vom Seminarium praeceptorum (1696), das noch durchaus im Praktizismus und in gelegentlicher Belehrung der Unterrichtsbeflissenen stecken blieb, über das Seminarium selectum (1707), in dem die Studenten stofflich für den Unterricht an der Lateinschule und dem Pädagogium vorbereitet wurden, bis zum „Institut der Praeparandi" (1717), das die „Studenten-praeceptores" sowohl für die niederen wie die höheren Schulen in der Methode des erziehenden Unterrichts ausbildete, entwickelte sich die Schulung in der Unterrichtskunst, ein Fortschritt, der auf lutherischem Boden seine Ausgangsstelle in den Reformplänen von Gotha hatte. Daß Francke die Bemühungen seines Zeitgenossen J. B. de La Salle (gest. 1719) um die Ausbildung von Lehrern für die Elementarschule gekannt hat, liegt im Bereich der Möglichkeit, da seine Beschäftigung mit Fénelon, mit den Veröffentlichungen der Schulen von Port-Royal und die Anerkennung, die er Claude Fleury zollte, seine Bekanntschaft mit

---

[32] „Großer Aufsatz", ed. Fries, S. 43.

französischer Erziehungsliteratur beweisen; eindeutig festzustellen aber ist die Beeinflussung durch de La Salle nicht. Die Franckeschen Seminaria sind überhaupt keine eigentlichen Lehrerseminare, da die „Praeceptores" im allgemeinen später Pfarrer und Visitatoren wurden. Der Ruhm im lutherischen Bereich das erste Seminar für Berufslehrer gegründet zu haben, kommt, was meist übersehen wird, Franckes bedeutendem Lehrer, dem orthodoxen E.V. Löscher zu, der freilich nur die im Pietismus und in Franckes Organisation steckenden Gedanken zu Ende dachte[33].

Versuchen wir uns rückschauend Rechenschaft abzulegen, welche geschichtliche Bedeutung der Franckeschen Erziehungs- und Unterrichtsreform zukommt, so ist zunächst einzuräumen, daß Francke das gesamte menschliche Leben, Denken, Fühlen und Wollen mit hartnäckiger Energie und Konsequenz noch einmal unter den religiösen Aspekt gezwungen hat, unter eine Religiosität aber, die durch die Wiederbelebung mystischen Erbes lebendig und beweglich genug war, um sozialpädagogisch aktiv zu werden und die Wissenschaft ihrer Zeit aufzunehmen. In dem gleichsam mittelalterlichen Gebilde des älteren Pietismus waren Antriebe vorhanden, die die Entwicklung des langsam wieder aufsteigenden deutschen Bürgertums begünstigten. Bestimmte Einzelzüge der Franckeschen Pädagogik: die aufklärerische Betonung des nützlichen Wissens, die Zucht zum verantwortungsbewussten Wirken für das gemeine Wesen, die asketische Bewältigung des Lebens, die Parteinahme für die unteren Bevölkerungsschichten, eine gewisse Indifferenz gegenüber ständischen Scheidungen, die demokratischen Bildungstendenzen, die Sorge für den verbesserten Fortgang der Erziehung und des Unterrichts – alle diese sich zu einem Ganzen fügenden Bestrebungen sind sowohl Willenskundgebungen des von neuem sich emporarbeitenden Bürgertums wie auch in ihren Wirkungen Mittel zu seiner Förderung; eine Pädagogik von weit ausstrahlender Kraft, bis der Pietismus von der bald darauf sich entfaltenden Aufklärung überholt wurde – seine Auseinandersetzung mit ihr begann bekanntlich schon zu Franckes Lebzeiten – und schließlich durch die veränderte Gesamtlage des deutschen Volkes im Wöllnerschen Religionsedikt (1788), mehr noch in den preußischen Regulativen (1854) den Charakter einer fortschrittsfeindlichen Strömung annahm. In manchem dem Calvinismus des wirtschaftlich und gesellschaftlich weiterentwickelten Westens verwandt, spielt der Pietismus eine ihm ähnliche Rolle in dem zurückgebliebenen kleinstaatlichen Deutschland; beide, der mehr rationale und kampfbereite Calvinismus und der denkerisch weniger scharfe und gegen die Staatsmacht friedfertige lutherische Pietismus sind neue Antworten auf die geschichtlichen Aufgaben ihrer Zeit; sie haben auch das erzieherische Gebaren ihrer Völker entscheidend mitbestimmt.

---

[33] G. Thiele, a .a. O., S. 324 ff., 341 ff.

Rosemarie Ahrbeck-Wothge

Über August Hermann Franckes „Lehrart"

Wenn August Hermann Francke die Reglements für die beiden Institutionen, die das Herzstück seiner weitläufigen Anstalten bilden, für das Waisenhaus nämlich und das Pädagogium, „Ordnung und Lehrart" nennt[1], so greift er sinngemäß damit eine – freilich erst relativ kurze – Tradition auf. Sie setzt ein, als die aufstrebende Klasse des jungen Bürgertums auch auf pädagogischem Gebiet ihre Rechte anmeldet und mit kritischem Blick das aus der Orthodoxie katholischer oder protestantischer Prägung übernommene Erbe zu sichten und zu lichten beginnt, um die Pädagogik den eigenen Zwecken dienstbar zu machen: mit neuen Stoffen und neuen Methoden zum neuen, bürgerlich orientierten Menschen zu erziehen. In diesem Sinne versteht Ratke die „Neue Lehrart", Komenský die „Große Didaktik" und Francke die „Ordnung und Lehrart" – als innere Einheit von Stoff, Methode und Ziel.

Dabei sind es nicht nur die ähnlich gelagerten gesellschaftlichen Interessen, die Francke mit diesen beiden Pädagogen verbinden, sondern auch persönliche Beziehungen, allerdings indirekter Art; wuchs Francke doch im reformfreudigen Gotha Herzog Ernsts des Frommen auf, dessen Mutter eine Schülerin und Protektorin Ratkes war; der Herzog selbst betraute den Verehrer Ratkes und Komenskýs, Andreas Reyher, mit der Reform des gothaischen Gymnasiums, das Franckes späterer Gönner Veit Ludwig von Seckendorff und danach auch Francke selbst als Schüler besuchten.[2]

---

[1] A.H. Francke: Ordnung und Lehrart, wie selbige in denen zum Waisenhause gehörigen Schulen eingeführet ist... In: A.H. Francke's Pädagogische Schriften. Nebst der Darstellung seines Lebens und seiner Stiftungen, hrsg. von D.G. Kramer. 2. Ausg. Langensalza 1885, S.107 ff. (künftig zitiert als: Ordnung und Lehrart der Waisenhausschulen). Über die Entstehung dieser Schrift und ihrer Vorläuferin vom Jahre 1697 vgl. ebenda, S. 109 ff.
A.H. Francke: Ordnung und Lehrart, wie selbige in dem Paedagogio zu Glaucha an Halle eingeführet ist... In: A.H. Franckes Pädagogische Schriften... A.a.O., S. 205ff. (künftig zitiert als: Ordnung und Lehrart des Pädagogiums).
Über die Entstehung dieser Schrift vgl. ebenda S. 207 ff.
A.H. Francke: Verbesserte Methode des Paedagogii Regii zu Glaucha vor Halle 1721. In: A.H. Franckes Pädagogische Schriften... A.a.O., S.287 ff.

[2] Vgl. dazu Kurt Schmidt: Gothas Stellung in der Bildungsgeschichte des 17. Jahrhunderts. In: Gotha und sein Gymnasium... Zur 400-Jahr-Feier des Gymnasium Ernestinum, hrsg. von Heinrich Anz. Gotha und Stuttgart 1924, S. 42 ff. Woldemar Boehne: Die pädagogischen Bestrebungen Ernst des Frommen von Gotha. Gotha 1888, S. 191 ff.

Zu den Unterschieden aber zwischen den drei Pädagogen gehört die Tatsache, daß allein Francke es vermocht hat, seine Pläne in großem Stil zu verwirklichen und sie in die massive Realität seiner Anstalten umzusetzen; diese wiederum sind ihm nur ein Mittel, um das aus seiner pietistischen Frontstellung gegen die lutherische Orthodoxie geborene Ziel zu erreichen:

> „... eine gründliche reale und recht durchdringende Verbesserung des allgemeinen verderbten Zustandes, nicht allein in der Evangelischen Kirchen, sondern auch allenthalben in der Welt..."[3]

Durchdrungen von der Überzeugung, daß nur die „praxis pietatis" gegen die von Gott gesandten Leiden der Zeit helfen könne[4], geht Francke, ein Genie des Realitätssinnes und der Organisationskraft, ans Werk.
Sein glühender Wunsch nach der „Verbeßerung des allgemeinen verderbten Zustandes" ist eine Frucht seiner pietistischen Grundhaltung, die ihn anfangs, besonders in Leipzig (1689/90) und Erfurt (1690/91), wegen ihrer spiritualistischen und separatistischen Tendenzen[5] den heftigsten Angriffen durch die lutherisch-orthodoxe Geistlichkeit aussetzte[6]; auch in Halle flammten solche Anschuldigungen bald auf, so daß er sich nur durch die bis zur Ungerechtigkeit einseitige Unterstützung durch den preußischen Hof unter Friedrich III. (I.) behaupten konnte, der aus merkantilen wie aus politischen und religiösen Gründen am Wachstum der Anstalten lebhaft interessiert war.[7]

Über Francke und Komenský vgl. Nasemann: Aug. Herm. Francke und der Unterricht in Realgegenständen. Programm der Realschule I. Ordnung im Waisenhaus zu Halle f. d. Schuljahr 1862/63. Halle 1863, S. 3 f.

[3] A. H. Francke: Der Große Aufsatz (Schrift über eine Reform des Erziehungs- und Bildungswesens als Ausgangspunkt einer geistlichen und sozialen Neuordnung der Evangelischen Kirche des 18. Jahrhunderts). Hrsg. v. Otto Podczeck. In: Abhandlungen der Sächsischen Akademie der Wissenschaften zu Leipzig. Philologisch-historische Klasse, Bd. 53, Heft 3, Berlin 1962, S. 140.

[4] A. H. Francke: Der rechte Gebrauch der Zeit. So fern dieselbe gut, und so fern sie böse ist. Halle 1713, S. 37 u. S. 43.

[5] Über die Einordnung A. H. Franckes und des Pietismus vgl. Hans Ahrbeck: Über die Erziehungs- und Unterrichtsreform A. H. Franckes und ihre Grundlagen. In: Festschrift zur 450-Jahr-Feier der Martin-Luther-Universität Halle-Wittenberg. Bd. II, Halle 1952, S. 78 ff.
Erhard Selbmann: Die gesellschaftlichen Erscheinungsformen des Pietismus hallischer Prägung. Ebenda, S. 62 ff.

[6] Vgl. dazu ausführlich G. Kramer: August Hermann Francke. Ein Lebensbild. 1. Teil, Halle 1880, S. 45 ff. u. S. 74 ff.

[7] Über die politischen und religiösen Hintergründe vgl. Klaus Deppermann: Der hallesche Pietismus und der preußische Staat unter Friedrich III. (I.) Phil. Diss. (Masch.), Freiburg i. Br. 1958, S. 67 ff. u. S. 118 ff.

So ist Franckes reformerischer Elan subjektiv auf ein religiöses Ziel gerichtet: den Unglauben, die Quelle alles Übels, auszurotten, das menschliche Herz zur Liebe Gottes zu führen, „die man selbst schmecken und im Herzen erfahren muß"[8] und deren Frucht sich dann erweist „in der Kraft des thätlichen Gehorsams, in beständigem Wandel, in dem Wege der Gerechtigkeit"[9]; die Anstalten sind bestimmt, ein „Universal-Werck ... zu vieler tausend ja tausend mal tausend Menschen Heyl und Seligkeit" zu werden, wobei der leibliche Nutzen „nur gleichsam ein Neben-Werck bey diesen Anstalten ist"[10]. Die „Verbeßerung" der Welt ist also durchaus im christlichen Sinne gemeint; Francke fühlte sich seit seinem Lüneburger Bekehrungserlebnis[11] sein Leben lang als ein lebendiges Werkzeug in der Hand Gottes, das völlig auf eigene Absichten, auf einen eigenen Willen verzichtet hatte.

Anders jedoch als manche weltflüchtig-quietistisch orientierten Anhänger der europäischen Erweckungsbewegungen, die sich mit einem individualistischen Kult religiösen Erlebens begnügen, findet Francke den Ansatzpunkt seines Schaffens im Diesseits, in der Welt, und wird damit seiner objektiven Wirkung nach zu einer Gestalt, die in mancher Beziehung zur gesellschaftlichen Fortentwicklung, auch auf pädagogischem Gebiet, Wesentliches beiträgt.

Entsprechend den Auffassungen seiner Zeit nimmt er die Gliederung in Regier-, Lehr- und Hausstand als gesellschaftliches Ordnungsprinzip hin, ohne es allerdings sonderlich zu betonen; lagen doch im Pietismus mit seiner Wendung zum allgemeinen Priestertum aller Gläubigen „demokratische" Tendenzen, die ihn geradezu des „Müntzerschen und münsterschen Geistes" verdächtig machten[12], wie ja auch Francke gerade den „Antichristische(n) Pabst-Geist" verwirft, weil diesem „die Fischer-Knechte und Teppich-Macher viel zu gering sind"[13].

Wenn ihm auch das Verderben in allen drei Ständen „beynahe gleich groß" erscheint, „also, daß keiner dem andern etwas vorzuwerffen" hat[14], so richten sich seine reformerischen Absichten doch zunächst auf die beiden oberen: einmal auf den Regierstand, der nichts ist „den eitel Greuel ..., Müßiggang, Freßen, Sauffen, Spielen, jagen, Kriegen, Huren, Schinden und Schaben, Aussaugen und eitel Teuffeley"[15], der aber die Macht zum

---

[8] A. H. Francke: Philotheia oder die Liebe zu Gott. In: A. H. Francke's Pädagogische Schriften ... A. a. O., S. 99.
[9] Ebenda, S. 104.
[10] A. H. Francke: Der Große Aufsatz, a. a. O., S. 63.
[11] Vgl. G. Kramer: a. a. O., S. 33 ff.
[12] Vgl. Klaus Deppermann: a. a. O., S. 37; Erhard Selbmann: a. a. O., S. 65.
[13] A. H. Francke: Brief an Sagittarius. In: G. Kramer: Vier Briefe August Hermann Franckes. Halle 1863, S. 12.
[14] A. H. Francke: Der Große Aufsatz, a. a. O., S. 71.
[15] Ebenda.

wirkungsvollen Eingreifen besitzt, so daß es Francke stets um einflußreiche Gönner zu tun war, die die Gunst des preußischen Kurfürsten und späteren Königs besaßen und sie zu seinem Vorteil zu nutzen wußten.[16] Zum anderen und stärker noch bezieht er den Lehrstand in seine Reformentwürfe ein; denn dieser „lieget ... nicht allein im Verderben, wie die andern, sondern ist auch eine Hauptursache des Verderbens der andern Stände"[17]. Da ihm der Gedanke, seine Absichten mit revolutionären Mitteln durchzusetzen, ebensofern liegt, wie dies bei Ratke und Komenský der Fall war, verfällt er wie sie auf die Erziehung als das große Remedium gegen alle Gebrechen der Zeit. Eben aus der Überzeugung heraus, „ daß der Grund alles Verderbens in dem höchst verderbten Lehrstande zu suchen"[18] ist, bezieht er selbstverständlich die Universitäten als einen wesentlichen Faktor in seine Rechnung mit ein, da „auff Universitaeten ... die Leute zubereitet" werden, „mit welchen die Ämbter in den beyden obern-Ständen meistentheils besetzt werden"[19]. Daher vermögen sie „dem allgemeinen Verderben in allen Ständen am nachdrücklichsten abzuhelffen, wenn daselbst die Jugend auff eine Gott wohlgefällige Art angeführet wird"[20].

So überschneiden sich in Franckes pädagogischem Schaffen verschiedene Absichten. Da ist einmal sein Bemühen um die Verbesserung der Universitäten, das er – sehr zum Wohlgefallen des preußischen Kurfürsten – mit einer geschickten Werbeaktion für die junge, 1694 gegründete Universität Halle verbindet[21], deren theologische Lehrstühle sämtlich mit Pietisten besetzt sind. Dieses Interesse wurzelt vor allem anderen in seiner Sorge um den Lehrstand; wahrhaft christlich erzogene Studenten, die „ein Quentlein des lebendigen Glaubens" höher schätzen „als einen Zentner des bloßen historischen Wissens, und ein Tröpflein wahrer Liebe edler, als ein ganzes Meer der Wissenschaft aller Geheimnisse"[22], die ihr Christentum nicht „ins Wissen, Sentiren und Schwätzen, noch in hohen Speculationen ..." setzen, sondern statt dessen in die Nachfolge Christi[23] - diese Studenten sollen zum Sauerteig der beiden anderen Stände werden und damit die

---

[16] Vgl. Klaus Deppermann: a. a. O., besonders S. 27 u. S. 155.

[17] A. H. Francke: Der Große Aufsatz, a. a. O., S. 103.

[18] A. H. Francke: Projekt zu einem Seminario universali oder Anlegung eines Pflanz-Gartens, in welchem man eine Verbesserung in allen Ständen in und außerhalb Deutschlands, ja in Europa und allen übrigen Theilen der Welt zu gewarten. Hrsg. v. Otto Frick. Halle 1881, S. 9.

[19] A. H. Francke: Der Große Aufsatz, a. a. O., S. 88.

[20] Ebenda.

[21] Ebenda, S. 64, 86 ff.

[22] A. H. Francke: Idea Studiosi Theologiae oder Abbildung eines der Theologie Beflissenen, wie derselbe sich zum Gebrauch und Dienst des Herrn und zu allem guten Werk gehörigermaßen bereitet. In: A. H. Francke's Pädagogische Schriften ... A. a. O., S. 405.

[23] Ebenda, S. 391 f.

Schlüsselstellungen für die notwendigen Weltverbesserung beziehen. Daher betont er nachdrücklich die „reciproque Handreichung"[24] zwischen den Anstalten und der Universität und engagiert die Theologiestudenten nicht allein deswegen als Praeceptores der Anstaltsschüler, um Lehrer zu gewinnen, auch nicht primär aus caritativen Rücksichten auf arme Studenten, die er für zwei Stunden täglich mit freier Verpflegung entschädigt, sondern auch aus prinzipiellen Gründen: sind diese Studiosi doch so vorbereitet,

> „daß gute Schul-Leute aus ihnen werden, welche man darnach im Lande nützlich wird gebrauchen können; und kann durch solche, weil sie an eine gute Methode zu dociren gewöhnet, die höchst nöthige Verbesserung der Schulen nicht wenig erhalten werden, fürnehmlich auch, wenn sie ins Predigt-Amt kommen, und einige Aufsicht auf die Schulen mit erlangen sollten. Welches abermals dem Lande zu einem unbeschreiblichen Nutzen gereichen kann."[25]

Ein anderer Ansatzpunkt seines Schaffens ist sein geistliches Verantwortungsgefühl gegenüber der verwahrlosten Jugend, besonders gegenüber den Waisenkindern seiner verkommenen Gemeinde Glaucha. Mit weitblickendem Geschäftssinn und tatkräftiger Unterstützung durch den preußischen Staat in Form großzügiger Privilegien baut er aus dem von ihm oft erwähnten Anfangskapital von sieben Sechzehngroschenstücken den imposanten Komplex der Stiftungen auf, in denen bei seinem Tode (1727) über 2300 Kinder unterrichtet wurden.[26] Auch hier gilt sein Augenmerk besonders denjenigen Schulen, die eine Präparandie für die Universität darstellen: der Lateinischen Schule des Waisenhauses und dem Pädagogium, aus dem ferner, da es für Adlige und Wohlhabende bestimmt ist, christlich erzogene Kinder in den Regierstand entlassen werden, während die deutschen Schulen ihre Zöglinge in den Hausstand entsenden.
Neben dem reformerischen und dem pädagogischen Motiv ist schließlich ein rein caritatives zu nennen: die Bekämpfung der bitteren Armut, die ihm der Anblick seiner Glauchaer Gemeinde ebenso darbot wie der Anblick der Studenten:

> „... wenn ich Collegium halte, und die Stunde aus ist, stehen gemeiniglich Studiosi vor mir, und zwar manche mit thränenden Augen, bitten und flehen, ich sollte sie unter die Zahle derer im Waysen-Hause speisenden auffnehmen ... Es haben sich manche vor unseren Augen fast in Thränen gewaschen, und wir haben sie doch weiter nicht, als mit Worten trösten können; weil alle beneficia so bishero vorhanden, gantz und gar

---

[24] A. H. Francke: Der Große Aufsatz, a. a. O., S. 91.
[25] A. H. Francke: Segensvolle Fußstapfen des noch lebenden und waltenden liebreichen und getreuen Gottes ...3. Aufl., Halle 1709, S. 110.
[26] Wilhelm Fries: Die Stiftungen August Hermann Franckes. Halle 1913, S. 34.

unzulänglich sind allen damit zu dienen, fürnehmlich nachdem die Zahl der dürfftigen Studiosorum so sehr zugenommem."[27]

Das Erlebnis solcher Not zwingt ihm wohl den Seufzer ab: „Das Waysen-Haus ist meine Last nicht, ... aber das ist meine Last, was außer dem Waysen-Hause ist, und gerne hinein will, oder sonst Hülffe bey mir suchet."[28] Im Grunde jedoch empfindet er diesen Feldzug gegen das äußere Elend, zu dem ihn sein christliches Gewissen zwingt, als einen Verrat an seinen eigentlichen Plänen:

> „Diß ist aber die Sache, die ich eigentlich hiermit sagen will, daß weil ich mich in solchen täglichen kümmerlichen Umbständen hindurch arbeiten muß, ich mit den Anstalten selbst nicht zum rechten Zweck kommen kann, als welcher nicht dieser ist, daß einem und andern in seinen particulier-Umbständen eine äußerliche Hülffe geschehe (wiewol solches an sich selbst auch gut ist), sondern daß man zu einer rechtschaffenen gründlichen Verbesserung des verfallenen Wesens in allen Ständen den Weg bahne; von welchem Zweck man denn soviel weiter entfernet stehen bleibt, ie mehr man durch die particulier-Noth, so einem auff den Hals fället, und der man sich gleichwohl auch nicht schlechterdings entziehen kann, davon zurück gehalten wird."[29]

So werden die Anstalten leicht ihrem eigentlichen Zweck entfremdet, nämlich: dem ganzen Land als „Baumschulen" zu dienen, dem Staat wohlerzogene Untertanen heranzuziehen, vorbildlich auf das Gymnasialwesen in ganz Deutschland zu wirken, zur Nachahmung in anderen Nationen anzuregen und letztlich zur Universalanstalt für die reale Verbesserung der Welt zu werden.[30]

Erwächst also die Motivation seines pädagogischen Wirkens aus seiner christlich-pietistischen Weltauffassung, so benutzt Francke als Mittel zu ihrer Verwirklichung Erkenntnisse und Verfahren, die, verglichen mit den zeitgenössischen Maßnahmen, recht modern sind und zum guten Teil dem methodischen Reservoir der frühen bürgerlichen Pädagogik entstammen.

Das Menschenbild freilich, von dem er ausgeht, ist düster – viel mehr als etwa bei Komenský, der hier in weit stärkerem Maße die positive Menschenauffassung des Humanismus aufnahm. Francke ist davon weit entfernt, wenn er alle Menschen „unrein, unheilig, einer verkehrten und

---

[27] A. H. Francke: Der Große Aufsatz, a. a. O., S. 44 ff.
[28] Ebenda, S. 47.
[29] Ebenda, S. 48 f.
[30] Vgl. dazu besonders A. H. Francke: Segensvolle Fußstapfen ... A. a. O., S. 106 u. S. 108. A. H. Francke: Was noch aufs künftige projektieret ist ... In: A. H. Francke's Pädagogische Schriften ... A. a. O., S. 449 ff.

bösen Art"[31] nennt, und das nicht etwa „aus Mangel guter Auferziehung ..., sondern vielmehr aus dem innerlichen bösen Samen des menschlichen Herzens"[32]. Die pädagogische Konsequenz dieser Auffassung ist einmal Franckes Bestreben, den Eigenwillen der Kinder zu brechen, vor allem aber auch sein Wunsch nach einer unablässigen Aufsicht, „wodurch nicht allein verhindert wird, daß die innerliche Bosheit äußerlich nicht ausbrechen kann, sondern weil ihnen alle Gelegenheit abgeschnitten wird, werden auch die innerlichen Begierden nach und nach geschwächt ..."[33] Die Aufsicht erstreckt sich nicht bloß auf die Kinder, sondern ebenso auf die Studenten und Präzeptoren und auf das „Gesinde" der Anstalten und geht bis zu dem Vorschlag, in alle Schulstubentüren ein kleines Loch zu machen, „damit so wol Praeceptores adventantes die Kinder incognito observiren, als auch die Inspectores unvermerkt wahrnehmen können das Verhalten der Kinder und Praeceptorum"[34].

Während sich von der im Grunde unhumanistischen Menschenauffassung des halleschen Pietismus her kaum innere Beziehungen zu den Interessen des aufsteigenden Bürgertums finden lassen, so ist das schon eher von Franckes Erziehungsziel aus möglich, von der Anführung der Jugend zur wahren Gottseligkeit und zur wahren christlichen Klugheit. Wenn Francke dies spezifiziert als „Liebe zur Wahrheit, Gehorsam und Fleiß" und entsprechend neben „Lügen" und „Eigenwille" den „Müßiggang" verwirft[35], so deutet sich damit der bürgerlich verstandene Charakter dieser Zielstellung schon an.

Wie er in seinem persönlichen Leben Frömmigkeit mit kapitalistischem Unternehmertum unbedenklich zu verbinden verstand, so ist ihm auch für seine Zöglinge der ökonomische Aufstieg nichts Verwerfliches, sofern er nur in christlicher Gesinnung wurzelt und nicht in der Weltliebe – eine Entscheidung, für die es jedoch keine andere richterliche Instanz gibt als Gott und das eigene Gewissen. Der Lebensstil innerhalb der Anstalten sollte einen solchen ökonomischen Aufstieg wesentlich unterstützen – besonders durch das unentwegte „Ausschöpfen der Zeit", die Francke als höchste Kostbarkeit, als „rem pretiosissimam"[36], betrachtet.

Die Kostbarkeit der Zeit liegt vor allem darin, daß man in ihr Werte schaffen oder erwerben kann – Werte geistlicher, geistiger und materieller

---

[31] A. H. Francke: Philanthropia Dei, das ist die Liebe Gottes gegen Menschen. In: A. H. Francke's Pädagogische Schriften ... A. a. O., S. 94.

[32] A. H. Francke: Ordnung und Lehrart des Pädagogiums, S. 220.

[33] Ebenda, S. 226.

[34] Konferenzprotokolle. Verwaltungsarchiv der Franckeschen Stiftungen. Tit. V Nr. 13, Schr. 1 a, Fach 12, Bd, I. Protokoll v. 14. 2. 1708.

[35] Vgl. A. H. Francke: Kurzer und einfältiger Unterricht, wie die Kinder zur wahren Gottseligkeit, und Christlichen Klugheit anzuführen sind ... In: A. H. Francke's Pädagogische Schriften ... A. a. O., S. 33.

[36] A. H. Francke: Der rechte Gebrauch der Zeit ... A. a. O., S. 27.

Art. So ist das „exhaurire tempus" aufs engste verknüpft mit der Arbeitserziehung, in der sich die Unterscheidung der Kinder in künftige Unternehmer und in künftige Lohnarbeiter schon deutlich abzeichnet.[37] Der Aufbau der Unterrichtsanstalten in den Stiftungen hält das ständische Gliederungsprinzip nur lässig inne: zwar ist das Pädagogium wegen der hohen Unterhaltskosten nur für Kinder des Adels und des wohlhabenden Bürgertums bestimmt, doch würde Francke gern auch ärmere Kinder darin aufnehmen, wenn er nur die „stipendia oder benefica" dazu hätte"[38]; die Lateinschule, die Vorbereitungsanstalt für die Universität, steht allen Waisenknabe ebenso offen wie den Kindern des kleinen und mittleren Bürgertums, wenn sie nur das nötige „Ingenium" zum Studieren besitzen, das allein den Ausschlag geben soll. In der Arbeitserziehung jedoch trennen sich die Stände in die „Armen" und „Reichen": während die Waisenkinder vorwiegend körperlich anstrengende und zugleich für die Anstalten ökonomisch nützliche Arbeiten verrichten, wie Holzsägen, Wassertragen, Küchenarbeit, Strümpfestricken[39], widmen sich die „Pädagogisten" Beschäftigungen, die ihrer Bildung und auch ihrer Gesundheit dienen, indem sie ihnen „Motion" verschaffen, wie Drechseln, Zeichnen, Glasschleifen, Kupferstechen, Papparbeiten – auf Wunsch allerdings auch Holzsägen.[40] –

Innerhalb des Unterrichts ist der Zentralbegriff, von dem her Stoff und Methode ihre Richtung empfangen, der des Nutzens – in jener doppelten Orientierung, wie sie für Franckes Pädagogik und schließlich für sein gesamtes Schaffen charakteristisch ist: auf den geistlichen Nutzen, der zur Gottseligkeit hinführt, und auf den weltlich-praktischen Nutzen, der sich als sicherer Weg zu diesem Ziele erweist. Beidem trägt der Unterricht in den verschiedenen Schulen Rechnung: dem geistlichen Nutzen insofern, als – ganz abgesehen von den Religionsstunden – der Geist christlicher Gesittung als Unterrichtsprinzip das gesamte Lehrgeschehen durchdringt, dem praktischen Nutzen und damit den ökonomischen und sozialen Entwicklungstendenzen seiner Zeit aber besonders durch die Auswahl der Stoffe und die vorgeschriebenen Unterrichtsmethoden.

Was den Kreis der in den Anstaltsschulen gelehrten Stoffe von dem der zeitgenössischen Schulen unterscheidet, ist vor allem der breite Raum, den die Realien einnehmen, besonders in den beiden gelehrten Schulen, im

---

[37] Dieses Thema soll in einer späteren Untersuchung noch ausführlicher behandelt werden.

[38] A. H. Francke: Der Große Aufsatz, a. a. O., S. 136.

[39] Vgl. dazu A. H. Francke: Ordnung und Lehrart der Waisenhausschulen, z. B. S. 174, 181. Die I. Fortsetzung der Wahrhaften und umständlichen Nachricht vom Waysen-Hause und übrigen Anstalten zu Glaucha vor Halle…Halle 1708, S. 44 ff.

[40] Vgl. A. H. Francke: Ordnung und Lehrart des Pädagogiums, S. 230.
A. H. Francke: Verbesserte Methode des Paedagogii Regii … A. a. O., S. 350 ff.

Pädagogium und in der Lateinschule. Dort wird Unterricht erteilt „von den Tieren, Kräutern und Bäumen", „von den Metallen, Steinen und anderen Mineralien", „von der Erde, Wasser, Luft, Feuer und mancherlei Meteoris", „in der Oeconomie", „von der Materia medica", ferner in der Anatomie und der Experimentalphysik.[41] In den deutschen Schulen kommen diese Disziplinen allerdings recht kurz[42], doch werden die Schüler dadurch entschädigt, daß sie zuweilen die Natur- und Kunstgegenstände betrachten dürfen, die Francke in seinem Naturalienkabinett gesammelt und sie, zum Unterschied von den herkömmlichen Raritätenkabinetten, erstmals spezifisch pädagogischen Zwecken dienstbar gemacht hat.[43]

Seinem ökonomisch-rationellen Denkstil entsprechend, war Francke auch im Unterrichtsprozeß auf eine optimale Nutzung des Dargebotenen bedacht und entwarf daher, den Forderungen der fortschrittlichen Pädagogik seiner Zeit gemäß, ausführliche methodische Anweisungen für die Lehrer in seinen Schulen[44], die ja, als „hauptberufliche Theologiestudenten, zunächst ohne jedes pädagogische Vorwissen zu ihm kamen.

Wie Komenský in der „Didactica magna" eine Methode versprach, die Schüler sicher, leicht, gründlich und schnell zu lehren, so ist auch Francke um Methoden bemüht, die den Kindern das Lernen leicht machen sollen.[45] Dazu ist vor allem nötig, ihre Aufmerksamkeit wachzuhalten – durch Abwechslung im Stoff, durch das Erlebnis des Erfolges, das der Lehrer den Kindern vermitteln muß, wie auch vor allem durch eine freudige Grundstimmung des ganzen Unterrichts. So wenig eigenständige Existenzberechtigung die Freude im Leben der Anstalten besitzt, da sie dort stets im Verdacht steht, die Herzen von Gott abzulenken und sie zur Weltliebe zu verführen – als methodisches Prinzip behauptet sie ihren Platz. Dieser freudigen Grundstimmung dient das spielende Lernen im Fremdsprachenunterricht, besonders aber die – idealiter – milde Gesinnung der Lehrer. Francke fordert seine Inspektoren und Präzeptoren so oft, so eindringlich auf zu Geduld, Langmut, Vatersinn, Sanftmut und Freundlichkeit, daß man daraus allerdings auf die Notwendigkeit derartiger Ermahnungen schließen darf. Daß die Wirklichkeit teilweise tatsächlich

---

[41] A. H. Francke: Verbesserte Methode des Paedagogii Regii ... A. a. O., S. 348 ff.

[42] Vgl. den übersichtlich zusammengestellten Stundenplan der deutschen Schulen bei Elisabeth Gloria: Der Pietismus als Förderer der Volksbildung und sein Einfluß auf die preußische Volksschule. Osterwieck/Harz 1933, S. 37.

[43] Vgl. dazu Jürgen Storz: Das Naturalien- und Kunstkabinett der Franckeschen Stiftungen zu Halle/Saale. In: Wissenschaftliche Zeitschrift der Martin-Luther-Universität Halle-Wittenberg. Gesellschafts- u. sprachwissenschaftliche Reihe, Heft 2/1962, S. 194 f.

[44] Siehe „August Francke" in: „Große Sowjet-Enzyklopädie", Bd. 45, 2. Aufl., 1956, S. 417.

[45] Vgl. zum Folgenden A. H. Franckes Pädagogische Schriften ..., hrsg. von D G. Kramer. 2. Ausg., Langensalza 1885.

nicht seinen Wünschen entsprach und daß die Lehrer nicht immer die vorgeschriebene Stufenfolge der Strafen von der geduldigen mündlichen Ermahnungen bis zum behutsam und ohne Affekt betätigten Stock innehielten, das verraten die Konferenzprotokolle, die manchmal vom harten Vorgehen der Präzeptoren berichten.

Der Erleichterung des Lernens dient auch die Anweisung an die Lehrer, das Verständnis der Kinder für den jeweiligen Stoff zu wecken, es nicht beim bloßen Auswendiglernen zu belassen und sie zugleich zur Anwendung des Gelernten anzuhalten. So wenig Francke auf die „blinde fleischliche Vernunft"[46] vertraut, die er neben dem verderbten Eigenwillen des Menschen unter „die beiden Hauptketzer"[47] rechnet, so nachdrücklich verlangt er die Schärfung des Verstandes, die sorgsame Überprüfung aller Erscheinungen auf ihre Gründe und Ursache hin; dazu könne besonders die Mathematik beitragen.[48] Einzelne didaktische Anleitungen – etwa die Aufforderung an die Lehrer, regelmäßige Übungen anzustellen, das persönliche und literarische Beispiel pädagogisch zu nutzen, die Individualität der Kinder sorgfältig zu erkunden und ihre Fassungskraft zu beachten, die Schwachen und Unwissenden besonders zu fördern, ein systematisches Wissen zu pflegen – runden das Bild von dem Methodiker Francke ab, der sich auf diesem Gebiet mit den besten Pädagogen seiner Zeit an Rang messen darf. Argwöhnisch wacht er darüber, daß seine Vorschriften auch befolgt werden:

> „Weil die vorgeschriebene Methode nach vielem Versuch und langer Erfahrung, auch mit Zuziehung anderer schulverständiger Männer, abgefasset ist, so hat sich ein jeder Informator nach derselben genau zu richten und daran nicht das geringste zu ändern; ob ihm gleich übrigens frei stehet, seine Vorschläge zu thun, wenn er etwas anmerket, das zur Verbesserung dienen kann."[49]

So bildet Franckes Lehrart eine dialektische Einheit von Weltanschauung, Erziehungsziel, Menschenbild, Stoff und Methode, die manche Widersprüche in sich birgt. Sie enthält im einzelnen Elemente, die dem pädagogischen Fortschritt dienten, wenn man den Maßstab nach dem Wort von Lenin anlegt: „Historische Verdienste werden nicht danach beurteilt, was historische Persönlichkeiten, gemessen an den heutigen Erfordernissen, *nicht geleistet haben*, sondern danach, was sie im Vergleich zu ihren Vorgängern *Neues geleistet haben.*"[50]

---

[46] A. H. Francke: Projekt zu einem Seminario universli ...A.a.O., S. 10.
[47] G. Kramer: Vier Briefe August Hermann Franckes. S. 31.
[48] Vgl. A. H. Francke: Verbesserte Methode des Paedagogii Regii ...A. a. O., S. 330.
[49] Ebenda, S. 364 f.
[50] W. I. Lenin: Zur Charakteristik der ökonomischen Romantik. In: W. I. Lenin: Werke. Bd. 2, Dietz Verlag, Berlin 1961, S. 180.

Berthold Ebert

Bibliographie der Veröffentlichungen von Hans Ahrbeck

I. Selbständige Schriften

- Wilhelm Raabes Stopfkuchen. Studien zu Gehalt und Form von Raabes Erzählungen. (Diss.). Borna-Leipzig o. J. [1926].

II. Wissenschaftliche Beiträge in Büchern, Broschüren und Periodika

- Die Raabeforschung. In: Magdeburger wissenschaftliche Rundschau Nr. 3. Magdeburg 1925, S. 31-34.
- Die Heimat in Wilhelm Raabes Leben und Dichtung. In: Brandstetters Heimatbücher. Bd. XXX: „Zwischen Werra und Elbe". Leipzig 1930.
- Christian Wolffs Bedeutung für die Reform des akademischen Unterrichts. In: 450 Jahre Martin-Luther-Universität Halle-Wittenberg. Bd. II. Hrsg. von Leo Stern. Halle o. J. [1952], S. 41-47.
- Über die Erziehungs- und Unterrichtsreform A. H. Franckes und ihre Grundlagen. In: 450 Jahre Martin-Luther-Universität Halle-Wittenberg. Bd. II. Hrsg. von Leo Stern. Halle o. J. [1952], S. 77-93.
- Die Entwicklung der Pädagogischen Fakultät seit 1945. In: 450 Jahre Martin-Luther-Universität Halle-Wittenberg. Bd. III. Hrsg. von Leo Stern. Halle o. J. [1952], S. 15-17.
- Gedenkworte auf Richard Wittsack. In: Richard Wittsack zum Gedächtnis. Gedenkschrift der Martin-Luther-Universität Halle-Wittenberg. Halle 1952.
- Über die Leistungen der Pädagogik an der Universität Halle. In: Wissenschaftliche Zeitschrift der Universität Halle, Gesellschafts- und Sprachwissenschaftliche Reihe (= Wiss. Z. Univ. Halle, Ges.-Sprachw. R.) V/4, 1956, S. 541-546.
- Festrede zur Feier des 10. Jahrestages der Wiedereröffnung der Universität Halle-Wittenberg. In: Wiss. Z. Univ. Halle, Ges.-Sprachw. R. V/5, 1956, S. 763-768.
- Pädagogische Fakultät (Fakultätsberichte). In: Wiss. Z. Univ. Halle, Ges.-Sprachw. R. VI/1, 1956, S. 137-145.
- Über August Hermann Niemeyer. In: Gedenkschrift für Ferdinand Josef Schneider (1879-1954). Hrsg. von Karl Bischoff. Weimar 1956, S. 124-149.
- Ein „Lehrer der Nationen". In: „Der neue Weg" vom 12.10.1957. 12. Jg., Nr. 238. Halle, S. 3.
- Die pädagogischen Bestrebungen der Humanisten. In: Geschichte der Erziehung. 1. (bis 4.) Aufl. Berlin 1957 (bis 1959), S. 71-80.

Neufassung desselben Abschnitts. In: Ebenda. 5. (bis 13.) Aufl. Berlin 1959 (bis 1982), S. 77-88.
- Einige Bemerkungen über „Mosaische Philosophen" des 17. Jahrhunderts. In: Wiss. Z. Univ. Halle, Ges.- Sprachw. R. VII/5, 1958, S. 1047-1050.
Dasselbe in: Gottes ist der Orient. Festschrift zu Otto Eißfeldts 70. Geburtstag 1. 9. 1957. Berlin 1959, S. 9-12.
- Melanchthon als Praeceptor Germaniae. In: Philipp Melanchthon-Forschungsbeiträge. Hrsg. von W. Elliger. Berlin 1961, S. 133-148.
- Über einige fortschrittliche Elemente in der Pädagogik August Hermann Franckes. In: Jahrbuch für Erziehungs- und Schulgeschichte. Jg. 3/1963. Berlin 1963, S. 5-11.
- Die Darstellung der lutherischen Reformation in den Anfängen der pädagogischen Historiographie (1779-1842). In: 450 Jahre Reformation. Hrsg. von Leo Stern und Max Steinmetz. Berlin 1967, S. 273-285.
- Die Bedeutung von Arbeit, Spiel und Besinnung in Komenskys Pädagogik. In: Acta Comeniana. Revue Internationale des Etudes Comeniologiques 1. Prag 1969, S. 147-156.
- Komenskys Bemühen zur Verbesserung der menschlichen Dinge. In: Gesellschaft – Menschenbildung – Pädagogische Wissenschaft. Grundfragen der Pädagogik im J. A. Komensky-Gedenkjahr 1970. Hrsg. von der Sektion Erziehungswissenschaften. Wiss. Beiträge der MLU Halle-Wittenberg 1971/8 (E 7), S. 38-42.
- Komenskys Didactica Magna. In: Gesellschaft – Menschenbildung – Pädagogische Wissenschaft. Grundfragen der Pädagogik im J. A. Komensky-Gedenkjahr 1970. Hrsg. von der Sektion Erziehungswissenschaften. Wiss. Beiträge der MLU Halle-Wittenberg 1971/8 (E 7), S. 43-45.
- Komenskys Werk: Nostra res agitur? In Acta Comeniana. Revue Internationale des Etudes Comeniologiques 3. Prag 1972, S. 139-143. (Zusammen mit Rosemarie Ahrbeck).
Dasselbe unter dem Titel „Zur Aktualität von Komenskys Werk". In: Jahrbuch für Erziehungs- und Schulgeschichte. Jg. 11/1971. Berlin 1972, S. 51-55.
Dasselbe in: Gesellschaft – Menschenbildung – Pädagogische Wissenschaft. Grundfragen der Pädagogik im J. A. Komensky-Gedenkjahr 1970. Hrsg. von der Sektion Erziehungswissenschaften. Wiss. Beiträge der MLU Halle-Wittenberg 1971/8 (E 7), S. 47-50.
- Zur Rezeption des klassisch-humanistischen Menschenbildes in der Pädagogik der BRD. In: Wiss. Z. Univ. Halle, Ges.-Sprachw. R. XXVI/5, 1977, S. 55-61. (Zusammen mit Rosemarie Ahrbeck).

III. Rezensionen

- N. Perquin: Wilhelm Raabes Motive als Ausdruck seiner Weltanschauung. Amsterdam/Paris 1928, In: Zeitschrift für deutsches Altertum und deutsche Literatur. 65. Bd. Berlin 1928, Heft 4, S. 179-182.
- C. Sieper: Der historische Roman und die historische Novelle bei Raabe und Fontane. Weimar 1930. In: Zeitschrift für deutsches Altertum und deutsche Literatur 69. Bd. Berlin 1930, Heft 1, S. 54-56.
- H. Küpper: Jean Pauls „Wuz". Ein Beitrag zur literaturhistorischen Würdigung des Dichters. Halle 1928. In: Zeitschrift für deutsches Altertum und deutsche Literatur. 67. Bd. Berlin 1930, Heft 4, S. 196-197.
- Willibald-Alexis-Bund. 1. Jahresbericht 1925/26, 2. Jahresbericht 1927, Hrsg. v. Max Ewert und Felix Haselberg. Berlin 1927. In: Zeitschrift für deutsches Altertum und deutsche Literatur. 67. Bd. Berlin 1930, Heft 4, S. 199-200.
- O. Pouzar: Ideen und Probleme in Adalbert Stifters Dichtungen. Reichenberg i. B. 1928. In: Zeitschrift für deutsches Altertum und deutsche Literatur. 67. Bd. Berlin 1930, Heft 4, S. 197-199.
- Lexikon der Pädagogik. Hrsg. von H. Kleinert, H. Stuck, R. Dottrens u. a. Bd. 1, München 1950, Bd. 2 u. 3 Bern 1951/52 und 1952. In: Deutsche Literaturzeitung, Heft 3/1953, Spalte 172-176; Heft 1/1954, Spalte 40-43; Heft 12/1955, Spalte 932-935.
- Th. Litt: Der lebendige Pestalozzi. Drei sozialpolitische Besinnungen. Heidelberg 1952. In: Deutsche Literaturzeitung. Heft 12/1953, Spalte 751-754.
- Lexikon der Pädagogik in 4 Bänden. Hrsg. vom Deutschen Institut für wissenschaftliche Pädagogik München/Institut für Vergleichende Erziehungswissenschaft Salzburg. Freiburg i. Br. 1952-1955.
Bd. 1 und 2. In: Deutsche Literaturzeitung, Heft 7/8/1954, Spalte 458-464; Bd. 3 und 4. In: Ebenda, Heft 1/1957, Spalte 51-53.
- W. Guyer: Wie wir lernen. Versuch einer Grundlegung. Zürich 1952. In: Deutsche Literaturzeitung, Heft 10/1954, Spalte 624-628.
- G. Fernau-Kerschensteiner: Georg Kerschensteiner oder „Die Revolution der Bildung". München/Düsseldorf 1954. In: Deutsche Literaturzeitung, Heft 10/1956, Spalte 200-202.
- A. Hauser. Sozialgeschichte der Kunst und Literatur. München 1953. In: Deutsche Literaturzeitung, Heft 3/1957, Spalte 230-235.
- J. H. Pestalozzi: Sämtliche Werke. Kritische Ausgabe. Begr. v. A. Buchmann, E. Spranger, U. Stettbacher, Bd. XIV. Berlin 1952. In: Deutsche Literaturzeitung, Heft 12/1957, Spalte 1118-1122.
- Die neue Lehrart. Pädagogische Schriften Wolfgang Ratkes. Eingel. von G. Hohendorf. In: Zs. f. Päd. (Volk und Wissen Volkseigener Verlag) Berlin 1957, Heft 2/1958, S 148-151

- Pädagogik im Bild. Hrsg. von F. Hilker. Freiburg i. Br. 1956. In: Deutsche Literaturzeitung, Heft 4/1958, Spalte 344-346.
- H. Deiters: Pädagogische Aufsätze und Reden. Berlin 1957. In: Deutsche Literaturzeitung, Heft 6/1960, Spalte 545-548.
- Wolfgang Ratke: Allunterweisung – Schriften zur Bildungs-, Wissenschafts- und Gesellschaftsreform. Teil 1 und 2. Hrsg. von G. Hohendorf und F. Hofmann. (Monumenta Paedagogica, Bd. VIII und IX, Reihe A). Berlin 1970 und 1971. In: Jahrbuch für Erziehungs- u. Schulgeschichte. 13. Jg. Berlin 1973, S. 269-277.

IV. Herausgebertätigkeit

- Jan Amos Comenius: Die große Didaktik. Hrsg. und eingeleitet von Hans Ahrbeck. (Pädagogische Bibliothek) Berlin 1957.
- F. A. W. Diesterweg: Sämtliche Werke. Bd. I – XV. Berlin 1956-1984. (Mitherausgeber).
- Jahrbuch für Erziehungs- und Schulgeschichte. Hrsg. von der Kommission für deutsche Erziehungs- und Schulgeschichte. Jg. 1-11, 1961-1971 (Akademie Verlag) Berlin; Jg. 12-21, 1972-1982 (Volk und Wissen Volkseigener Verlag) Berlin. (Mitherausgeber).
- Monumenta Paedagogica. Hrsg. von der Kommission für deutsche Erziehungs- und Schulgeschichte der APW der DDR. Bd. I und II (Akademie-Verlag) Berlin 1960 und 1965; Bd. III-XX (Volk und Wissen Volkseigener Verlag) Berlin 1968-1982. (Mitherausgeber).

Berthold Ebert

Bibliographie der Veröffentlichungen von Rosemarie Ahrbeck-Wothge

I. Selbständige Schriften

Wothge, R.: Über die romantischen Elemente in der Reformpädagogik und ihre Beziehungen zum Imperialismus. Diss. (Masch.) Halle 1952.
- Die Beziehungen zwischen den gesellschaftlichen, psychologischen und pädagogischen Anschauungen Berthold Ottos. Ein Beitrag zur Pädagogik des deutschen Imperialismus. Habil. (Masch..) Halle 1955.

Ahrbeck, R.: Morus – Campanella – Bacon. Leipzig/Jena/ Berlin 1977.
- Jean-Jacques Rousseau. Leipzig/ Jena/ Berlin 1978.
- Die allseitig entwickelte Persönlichkeit. Studien zur Geschichte des humanistischen Bildungsideals. Berlin 1979.

II. Wissenschaftliche Beiträge in Büchern, Broschüren und Periodika

Wothge, R.: Der Kommentar zu Rousseaus „Emil" in Campus Revisionswerk. In: Wissenschaftliche Zeitschrift der Universität Halle, Gesellschafts- und Sprachwissenschaftliche Reihe (= Wiss. Z. Univ. Halle, Ges.-Sprachw. R.) IV/2, 1955, S. 249-264.
- Eine Studie zur bürgerlichen Pädagogik des 17. und 18. Jahrhunderts. In: Wiss. Z. Univ. Halle, Ges.-Sprachw. R. IV/3 1955, S. 485-492.
- Über Christian Thomasius und den Unterricht im Deutschen In: Wiss. Z. Univ. Halle, Ges.-Sprachw. R. IV/4 1955, S. 555-558.
- Über die Verwendbarkeit von Berthold Ottos Sprachlehre für den Grammatikunterricht der deutschen demokratischen Schule. In: Wiss. Z. Univ. Halle, Ges.-Sprachw. R. V/4 1956, S. 603-608.
- Ein vergessener Pädagoge der Aufklärung: Peter Villaume (1746-1825). In: Wiss. Z. Univ. Halle, Ges.-Sprachw. R. VI/3 1957, S. 429-454.
- Ahrbeck-Wothge, R.: Über August Hermanns Franckes „Lehrart". In: Jahrbuch für Erziehungs- und Schulgeschichte. Jg. 3/1963. Berlin 1963, S. 13-23.
- Pestalozzi. In: Pädagogische Enzyklopädie. Berlin 1963, Bd. 2, S. 705ff.
- Zu Fragen der Arbeitserziehung und der Allgemeinbildung bei A. H. Francke. In: Hallesche Universitätsreden: August Hermann Francke. Martin-Luther-Universität Halle-Wittenberg 1964, S. 116-126.
- Über die Tischordnung und die Aufnahmebedingungen des Waisenhauses aus dem Jahre 1713. In: A. H. Francke. Das humanistische Erbe des großen Erziehers. Halle 1965, S. 77-79.

- Über Peter Villaumes Wirken in Dänemark – Ein Beitrag zur Geschichte der Nationalerziehung. In: Jahrbuch für Erziehungs- und Schulgeschichte. Jg. 5/6, 1965/66. Berlin 1966, S. 135-149.
- Jean-Jacques Rousseau (B II/1a) und J. H. Pestalozzi (B II/4) – außer „Pestalozzis Einfluß auf die deutsche Pädagogik". In: Geschichte der Erziehung. 7.-13. Aufl. Berlin 1966, S. 147-158 (B II/1a), S. 184-194 (B II/4).
- Über die Beziehungen zwischen der deutschen und der sowjetischen Pädagogik in den vergangenen fünfzig Jahren. Einleitendes Referat auf der wissenschaftlichen Konferenz der Gesellschaft für deutsch-sowjetische Freundschaft und des Instituts für Pädagogik d. MLU Halle-Wittenberg vom 3. Nov. 1967. (Masch.) Halle 1967.
- Die Erziehungsphilosophie Eduard Sprangers und ihre Aktualität für die bürgerliche Pädagogik der Gegenwart. In: Entwicklungsprobleme der pädagogischen Wissenschaft. Wiss. Beiträge der MLU Halle-Wittenberg 1967/13 (E 3), S. 19-34.
- Zum Einfluß des Philanthropismus auf das niedere Schulwesen in Anhalt-Dessau. In: Wiss. Z. Univ. Halle, Ges.-Sprachw. R. XVII/1, 1968, S. 135-137.

Ahrbeck-Wothge, R./Melzer, Dora/Gebhardt, Jürgen/Ebert, Berthold: Über die Ergebnisse von Staatsexamensarbeiten zur Schulentwicklung in der DDR seit 1945. In: Wiss. Z. Univ. Halle, Ges.-Sprachw. R. XVII/1, 1968, S. 137-142.
- Luther und Melanchton im Werke Wilhelm Diltheys. In: Wiss. Z. Univ. Halle, Ges.-Sprachw. R. XVIII/1, 1969, S. 87-98.
- Zum Problem der Akzeleration. In: Zeitschrift für die gesamte Hygiene und ihrer Grenzgebiete. 15. Jg., Heft 9/1969. Berlin 1969, S. 715-720.
- Basedow und wir – Zur Aktualität seiner Pädagogik. In: Zwischen Wörlitz u. Mosigkau. Schriftenreihe zur Geschichte der Stadt Dessau und Umgebung. Heft 1: Pädagogik. Dessau 1969, S. 43-47.
- Erfahrung und Sittlichkeit in J. B. Basedows Erziehungsphilosophie. In: Philanthropismus und Dessauer Aufklärung. Vorträge zur Geistesgeschichte des Dessau-Wörlitzer Kulturkreises. Wissenschaftlicher Beitrag der MLU Halle-Wittenberg 1970/3 (A8), S. 7-54.
- Die Erziehung zur allseitigen Persönlichkeit als Zentrum von J. B. Basedows Pädagogik. In: Philanthropismus und Dessauer Aufklärung. Wiss. Beiträge der MLU Halle-Wittenberg 1970/3 (A8), S. 55-80.
- Vaterland und Weltbürgertum im Philanthropismus, In: Philanthropismus und Dessauer Aufklärung. Wissenschaftliche Beiträge der MLU Halle-Wittenberg 1970/3 (A8), S. 81-99.
- Jan Amos Komenský 1592-1670. In: Das Hochschulwesen. 18. Jg. Heft 12/1970. Berlin 1970, S. 830-832.

- Über die Aufdeckung und Formulierung pädagogischer Gesetze. In: Zs. Päd. (Volk und Wissen Volkseigener Verlag). 26. Jg. Heft 11/1971, S. 1018-1022.

Ahrbeck, R./Ahrbeck, H.: Zur Aktualität von Komenskýs Werk. In: Jahrbuch für Erziehungs- und Schulgeschichte, Jg. 11/1971. Berlin 1972, S. 51-56.

- Das Ideal des uomo universale in der Renaissancepädagogik. In: Sozialistische Persönlichkeitsentwicklung. Wiss. Beiträge der MLU Halle-Wittenberg 1971/11 (E 8), S. 49-77.

Ahrbeck, R./Ahrbeck, H.: Komenskýs Werk: Nostra res agitur? In: Acta Comeniana. Revue internationale des Etudes Comeniologiques 3. Prag 1972, S. 139-143.

- Das Verhältnis von Philosophie und Didaktik bei Rathke und Komenský. In: Wissenschaftliche Hefte des Pädagogischen Instituts Köthen (= Wiss. Hefte des PI Köthen), Heft 1/1972, S. 139-161.
- Zur Methodologie problemgeschichtlicher Untersuchungen. In: Wiss. Hefte des PI Köthen, Heft 1/1972, S. 177-183.
- Didaktische Modellvorstellungen in der philanthropistischen und neuhumanistischen Pädagogik. In: Wiss. Z. Univ. Halle, Ges.-Sprachw. R. XXIV/2 1975, S. 45-46.
- Der Beitrag Basedows und des Philanthropismus zur Herausbildung des bürgerlich-humanistischen Ideals der allseitig und harmonisch entwickelten Persönlichkeit. In: Jahrbuch für Erziehungs- und Schulgeschichte, Jg. 16/1976. Berlin 1976, S. 33-44.

Ahrbeck, R./Melzer, D.: Menschenrechte und Menschenbild. Zum Menschenbild der klassischen bürgerlichen Pädagogik und seiner Verfälschung in der spätbürgerlichen Historiographie, dargestellt am Beispiel F. A. W. Diesterwegs anlässlich der Erklärung der Menschenrechte von 1776. In: Jahrbuch für Erziehungs- und Schulgeschichte, Jg. 16/1976. Berlin 1976, S. 73-86.

- Zum Problem der allseitig entwickelten Persönlichkeit in Geschichte und Gegenwart. In: Wiss. Z. Univ. Halle, Ges.-Sprachw. R. XXV/4 1976, S. 29-30.
- Zum Prinzip der Selbsttätigkeit und seiner gesellschaftlichen Funktion in der Pädagogik des Renaissancehumanismus. In: Wiss. Z. Univ. Halle, Ges.-Sprachw. R. XXV/4 1976. S. 31-32.
- Die Fragestellung: Zur Bedeutung des Selbsttätigkeitsprinzips unter aktuellen und erziehungsgeschichtlichem Aspekt. In: Pädagogische Forschung. 17. Jg. Berlin 1976, Nr. 1, S. 7-9.
- Zur gesellschaftlichen Funktion des „schöpferischen" in der klassischen bürgerlichen Pädagogik. In: Pädagogische Forschung. 17. Jg. Berlin 1976, Nr. 1, S. 10-17.
- Zum Persönlichkeitsideal der Renaissance. In: Schriften der Winckelmann-Gesellschaft. Bd. 2. Berlin 1976, S. 25-40.

- Zur Herbart-Rezeption der Reformpädagogik. In: J. F. Herbart 1776-1976. Wissenschaftliche Beiträge der MLU Halle-Wittenberg 1976/14 (E 13), S. 59-74.
- Zum Prinzip der Selbsttätigkeit und seiner gesellschaftlichen Funktion in A. H. Franckes Pädagogik. Ein Beitrag zur Standortbestimmung A. H. Franckes in der Geschichte des didaktischen Denkens. In: Jahrbuch für Erziehungs- und Schulgeschichte, Jg. 17/1977. Berlin 1977, S. 55-80.

Ahrbeck, R./Ahrbeck, H.: Zur Rezeption des klassisch-neuhumanistischen Menschenbildes in der Pädagogik der BRD. In: Wiss. Z. Univ. Halle, Ges.-Sprachw. R. XXVI/5, 1977, S. 55-61.

- Franckes Idee der humanitas – Wirklichkeit und Vision. In: A. H. Francke 1663-1727. Wiss. Beiträge d. MLU Halle-Wittenberg 1977/37 (A 39), S. 3-19.
- Zur Dialektik von Ziel und Methode in Franckes Pädagogik. In: A. H. Francke 1663-1727. Wiss. Beiträge der MLU Halle-Wittenberg 1977/37 (A 39), S. 37-44.
- Der Sucher nach dem „Sonnenstaat". In: Urania-Universum. Bd. 23. 1977, S. 133-139.
- Entwicklungsprobleme der sowjetischen Pädagogik im Zerrspiegel spätbürgerlicher Interpretation. In: Wiss. Z. Univ. Halle, Ges.-Sprachw. R. XXVII/5, 1978, S. 41-46.
- Zur Traditionsproblematik der sozialistischen Universität. In: Universitas litterarum heute. Wiss. Beiträge d. MLU Halle-Wittenberg 1978/15 (T 26), S. 76-87.
- Zur Frage der Einheitlichkeit d. Philanthropismus: ein Beitrag zu den Stadien seiner Entwicklung. In: Jahrbuch für Erziehungs- und Schulgeschichte. Jg. 19/1979. Berlin 1979, S. 77-92.
- Rousseau in der Geschichte der pädagogischen Anthropologie. In: Arbeitsblätter zur Wissenschaftsgeschichte 6. MLU Halle-Wittenberg. Arbeitskreis Wissenschaftsgeschichte. Halle 1979, S. 45-61.
- Herders Pädagogik zwischen Humanismus und Realismus. In: Herder-Kolloquium 1978. Referate und Diskussionsbeiträge. Im Auftrag der Nationalen Forschungs- und Gedenkstätte der klassischen deutschen Literatur in Weimar herausgegeben von W. Dietze u. a. Weimar 1980, S. 272-276.
- Das Selbsttätigkeitsprinzip und seine gesellschaftliche Funktion zwischen Renaissancehumanismus und Diesterweg. In: Beiträge zur Bedeutung des Selbsttätigkeitsprinzips in der klassisch-bürgerlichen Pädagogik. Wiss. Beiträge der MLU Halle-Wittenberg 1981/24 (E 38), S. 4-58.

III. Rezensionen

- Die Pädagogik J. Deweys von W. Schewkin, Berlin 1955. In: Zs. Päd. (Volk und Wissen Volkseigener Verlag) 11. Jg. Berlin 1956. Heft 9, S. 707-709.
- Gerda Mundorf: Die Muttersprache im pädagogischen Werk Herders. Berlin 1956. In: Zs. Päd. (Volk und Wissen Volkseigener Verlag) 12. Jg. Berlin 1957, Heft 5, S. 391-393.
- Helmut König: Zur Geschichte der Nationalerziehung in Deutschland im letzten Drittel des 18. Jahrhunderts. Berlin 1960. In: Deutsche Literaturzeitung. Jg. 82, Heft 10/1969, Sp. 931-934.
- J. H. Campe – Briefe aus Paris, während der Französischen Revolution geschrieben. Hrsg. von H. König, Berlin 1961. In: Jahrbuch für Erziehungs- und Schulgeschichte. Jg. 2. Berlin 1962, S. 351-355. Die gleiche Rezension auch in: Deutsche Literaturzeitung, Jg. 86, Heft 10/1965, Sp. 895-898.
- Christian Gotthilf Salzmann – Pädagogische Weisheiten. Ausgewählt und eingeleitet von H. König, Berlin 1961. In: Jahrbuch für Erziehungs- und Schulgeschichte. Jg. 3. Berlin 1963, S. 299-301.
- Karl-Heinz Günther: Bürgerlich-demokratische Pädagogen in Deutschland während der zweiten Hälfte des 19. Jahrhunderts. Berlin 1963. In: Jahrbuch für Erziehungs- und Schulgeschichte, Jg. 4. Berlin 1964, S. 327-331.
- J. H. Pestalozzi: Ausgewählte Werke. Eingel. und erl. von O. Boldemann, Bd. 1, 2. Berlin 1962, 1963. In: Deutsche Literaturzeitung, Jg. 85, Heft, 2/1964, Sp. 142-1945
- G. Steiner: Franz Heinrich Ziegenhahn und seine Verhältnislehre. Ein Beitrag zur Geschichte des utopischen Sozialismus in Deutschland. Berlin 1962. In: Deutsche Literaturzeitung. Jg. 86, Heft 2/1965, Sp. 112-114. Die gleiche Rezension auch in: Jahrbuch für Erziehungs- und Schulgeschichte Jg. 5/6. Berlin 1966, S. 359-364.
- Kerschensteiner, G. und E. Spranger: Briefwechsel 1912 bis 1931. München/Wien 1966 und Stuttgart 1966. In: Wiss. Z. Univ. Halle, Ges.-Sprachw. R. XVIII/1, Halle 1969, S. 133-136.
- Zur Geschichte der Arbeitserziehung in Deutschland. Teil I: Von den Anfängen bis 1900. Von einem Autorenkollektiv unter Leitung von Robert Alt und Werner Lemm. Berlin 1970. In: Wiss. Z. Univ. Halle, Ges.-Sprachw. R. XX/2, Halle 1971, S. 171-174.
- J. A. Komenský: Allgemeine Beratung über die Verbesserung der menschlichen Dinge. Ausgewählt, eingeleitet und übersetzt von F. Hofmann. Berlin 1970. In: Wiss. Z. Univ. Halle, Ges.-Sprachw. R. XXI/1, 1972, S. 74-76.
- Zur Geschichte der Arbeitserziehung in Deutschland. Teil II: Von 1900 bis zur Gegenwart. Von einem Autorenkollektiv unter Leitung von Robert

Alt und Werner Lemm. Berlin 1971. In: Jahrbuch für Erziehungs- und Schulgeschichte, Jg. 13. Berlin 1973, S. 279-284.
- Ralph Fiedler: Die klassische deutsche Bildungsidee. Ihre soziologischen Wurzeln und pädagogischen Folgen. Weinheim 1972. In: Deutsche Literaturzeitung. Jg. 94, Heft 4/5/1973, Sp. 390-394.
- Freerk Huisken: Zur bürgerlichen Didaktik und Bildungsökonomie. München 1972. In: Deutsche Literaturzeitung, Jg. 95, Heft 8/9/1974, Sp. 640-644.
- R. Lemmer: Bildungszustände und Bildungsideen des 13. Jahrhunderts. München 1970 (Nachdruck der Ausgabe München und Berlin 1928). In: Wiss. Z. Univ. Halle, Ges.-Sprachw. R. XXIII/2 1974, S. 102-104.
- W. Scheibe: Die Reformpädagogische Bewegung 1900-1932. Eine einführende Darstellung. Weinheim/Basel 1974. In: Deutsche Literaturzeitung Jg. 96, Heft 8/9/1975, Sp. 759-763.
- Robert Alt: Das Bildungsmonopol. Berlin 1978. In: Deutsche Literaturzeitung Jg. 101, Heft 2/1980, Sp. 151-154.

IV. Berichte, Sonstiges

- Lebendiges Bemühen um die Erziehung. J. H. Campes „Allgemeine Revision". In: Neue Zeit vom 12. 6. 1963, 19. Jg., (Nr. 133), S. 3.
- Erziehung durch Lehrveranstaltungen. In: Universitätszeitung der MLU Halle-Wittenberg vom 12. 7. 1963, 7. Jg., 21/1963, S. 4.
- Forschungsplan in der Sektion. In: LDZ vom 23. 7. 1969, 24. Jg. (Nr. 173), S. 4.
- Orientierung auf die pädagogische Praxis. In: Universitätszeitung der MLU Halle-Wittenberg vom 14.8.1969, 13. Jg. 26/1969, S. 5.
- Komenský-Konferenz in Prag. In: Universitätszeitung der MLU Halle-Wittenberg vom 22. 10. 1970, 15. Jg. 5/1970, S. 4.
- Friedrich Winnefeld 14. 12. 1911 bis 17. 12. 1968. In: Jahrbuch der Sächsischen Akademie der Wissenschaften zu Leipzig 1966-1968. Berlin 1970, S. 377-382.
- Der Philanthropismus – eine Kraft des gesellschaftlichen Fortschritts – Bericht über das Philanthropismus-Symposium am 15./16. 11. 1968 in Dessau. In: Jahrbuch für Erziehungs- und Schulgeschichte. Jg. 10. Berlin 1970, S. 201-209.
- Schlusswort auf der Comenius-Feier der Sektion Erziehungswissenschaften am 21. Oktober 1970. In: Gesellschaft – Menschenbildung – Pädagogische Wissenschaft. Wissenschaftliche Beiträge der MLU Halle-Wittenberg 1971/8 (E 7), S. 51-52.
- J. B. Basedow. Der 11. September zum Basedow-Gedenktag deklariert. In: Universitätszeitung der MLU Halle-Wittenberg vom 19. 9. 1974, 19. Jg. 2/1974, S. 5.

- Didaktische Modellvorstellungen der klassischen bürgerlichen Pädagogik und ihre Verfälschung in der BRD (Kolloquiumsbericht). In: Wiss. Z. Univ. Halle, Ges.-Sprachw. R. XXIV/2, 1975, S. 41-44.
- Das Prinzip der Selbsttätigkeit und seine gesellschaftliche Funktion in Geschichte und Gegenwart (Kolloquiumsbericht). In: Wiss. Z. Univ. Halle, Ges.-Sprachw. R. XXV/4, S. 23-27.
- J.F. Herbart (1776-1841) (Bericht über Herbart-Ehrung in Halle am 4. 5. 1976). In: Pädagogische Forschung. Jg. 17/1976, Nr. 4/5 S. 114-115.
- August-Hermann-Francke-Ehrung 1977 (Bericht). In: Wiss. Z. Univ. Halle, Ges.-Sprachw. R. XXVII/6, 1978, S. 122-126.

V. Herausgebertätigkeit

- J. J. Rousseau: Über die Erziehung. Ausgewählt und eingeleitet von R. Wothge. (Pädagogische Bibliothek). Berlin 1958.
- Zur Pädagogik und Schulpolitik der KPD in der Weimarer Republik. Eine Auswahl aus der Zeitung „Der Klassenkampf". Ausgewählt, eingeleitet und erläutert von Rosemarie Wothge, Dora Melzer, Heinz Balschun u. Heinz Schulz-Falkenthal. Berlin 1961.
- F. A. Diesterweg: Sämtliche Werke. Bd. XIII-XV. Berlin 1976-1984. (Mitherausgeber).
- Jahrbuch für Erziehungs- und Schulgeschichte. Hrsg. von der Kommission für deutsche Erziehungs- und Schulgeschichte. Berlin. Jg. 12-21, 1972-1982. (Mitherausgeber).
- Monumenta Paedagogica. Hrsg. von der Kommission für deutsche Erziehungs- und Schulgeschichte der APW der DDR. Bd. XII-XX. Berlin 1972-1982. (Mitherausgeber).
- Philantropismus und Dessauer Aufklärung. Vorträge zur Geistesgeschichte des Dessau-Wörlitzer Kulturkreises. Hrsg. von R. Ahrbeck-Wothge im Auftrag der Universitätskommission zur Erforschung und Pflege des Dessau-Wörlitzer Kulturkreises an der MLU. Wiss. Beiträge der MLU Halle-Wittenberg 1970/3 (A 8).
- Sozialistische Persönlichkeitsentwicklung. Tagungsmaterialien der Sektion Erziehungswissenschaften. Wiss. Beiträge der MLU Halle-Wittenberg 1971/11 (E 8). (Mitherausgeber).
- Johann Friedrich Herbart 1776-1841. Wiss. Beiträge der MLU Halle-Wittenberg 1976/14 (E 13). (Mitherausgeber).
- August Hermann Francke 1663-1727. Wiss. Beiträge der MLU Halle-Wittenberg. 1977/37 (A 39). (Mitherausgeber).
- Beiträge zur Bedeutung des Selbsttätigkeitsprinzips in der klassisch-bürgerlichen Pädagogik. Wiss. Beiträge der MLU Halle-Wittenberg 1981/24 (E 38). (Mitherausgeber).

Autorenverzeichnis

Prof. Dr. Hans Ahrbeck (1890-1981): Ordinarius für Pädagogik, insbesondere für Geschichte der Erziehung (1946-1957) und Dekan der Pädagogischen Fakultät (1946-1948, 1950-1955) an der Martin-Luther-Universität Halle-Wittenberg.

Prof. Dr. päd. Dr. med. Rosemarie Ahrbeck (1926-1981): Professur für Geschichte der Erziehung und Vergleichende Pädagogik (1960-1981) an der Martin-Luther-Universität Halle-Wittenberg.

Dr. Berthold Ebert: Wissenschaftlicher Mitarbeiter am Fachbereich Erziehungswissenschaften der Martin-Luther-Universität Halle-Wittenberg.

Prof. Dr. Gert Geißler: Deutsches Institut für Internationale Pädagogische Forschung (DIPF – Forschungsstelle), Berlin.

Prof. em. Dr. Karl-Heinz Günther: Berlin, wissenschaftlicher Assistent bei Hans Ahrbeck (1951-1955).

PD Dr. Sonja Häder: Vertretungsprofessur Historische Erziehungswissenschaft am Institut für Allgemeine Pädagogik der Humboldt-Universität zu Berlin.

Martin Kühnel (1919-2001): Wissenschaftlicher Assistent bei Hans Ahrbeck (1947-1955).

Prof. Dr. Jan-Hendrik Olbertz: Professur für Erwachsenenbildung an der Martin-Luther-Universität Halle-Wittenberg, z. Zt. Kultusminister des Landes Sachsen-Anhalt.

Renate Reimann: Grenzach-Wyhlen, wissenschaftliche Assistentin bei Hans Ahrbeck (1953-1958).

Abbildungs- und Textnachweis

Umschlagbild: Ahrbeck am Pult;
Foto von Martin Kühnel (um 1950);
Privatarchiv Ebert (=PAE).

Frontispiz: Doppelporträt Hans und Rosemarie Ahrbeck;
Foto vom Foto-Atelier G. Molsberger, Halle (1962); PAE.

Abb. 1 (S. 17): Hans Ahrbeck mit Geige (um 1899); PAE.

Abb. 2 (S. 59): Karikatur von Ullrich Bewersdorff:
Die Pädagogische Fakultät als Wäscherei (1951).
Foto der Zeichnung von Martin Kühnel; PAE.
Original von U. Bewersdorff nicht mehr auffindbar.

Abb. 3 (S. 62): Prof. Dr. Hans Ahrbeck als Dekan der Pädagogischen Fakultät; Gemälde von Prof. Conrad Felixmüller (1950);
Das Gemälde ist Eigentum der Martin-Luther-Universität Halle-Wittenberg, Zentrale Kustodie.

Text, S.85: Hans Ahrbeck: Über die Erziehungs- und Unterrichtsreform A.H. Franckes und ihre Grundlagen. Zuerst abgedruckt in: 450 Jahre Martin-Luther-Universität Halle-Wittenberg. Bd. 2. Hrsg. von Leo Stern. Halle o. J. [1952], S. 77-93.

Text, S.106: Rosemarie Ahrbeck-Wothge: Über August Hermann Franckes „Lehrart". Zuerst abgedruckt in: Jahrbuch für Erziehungs- und Schulgeschichte. Jg. 3/1963. Berlin 1963, S. 13-23. Rechte beim Akademie-Verlag, Berlin.